THOMAS ISABEL

# Autour de nous

**Éthique et culture religieuse
1re année du 2e cycle du primaire**

Élise Cardinal
Élisabeth Lacoste

## Manuel A

### Avis aux lecteurs et aux lectrices

Il existe d'autres façons d'écrire certains termes propres à chaque tradition religieuse. L'orthographe adoptée dans la présente collection est conforme à la graphie employée dans la version finale du programme *Éthique et culture religieuse* du primaire.

**LES ÉDITIONS CEC**
Une compagnie de Quebecor Media

9001, boul. Louis-H.-La Fontaine, Anjou (Québec) Canada  H1J 2C5
Téléphone : 514-351-6010 • Télécopieur : 514-351-3534

**Direction de l'édition**
Catherine Goyette

**Direction de la production**
Danielle Latendresse

**Direction de la coordination**
Rodolphe Courcy

**Charge de projet et révision linguistique**
Linda Tremblay

**Correction d'épreuves**
Jacinthe Caron

**Conception graphique**

matteau parent
graphisme et communication

Geneviève Guérard et Chantale Richard-Nolin

**Réalisation graphique et mise en pages**

matteau parent
graphisme et communication

Geneviève Guérard

Les Éditions CEC remercient le gouvernement du Québec pour l'aide financière apportée à l'édition de cet ouvrage par l'entremise du Programme de crédit d'impôt pour l'édition de livres, administré par la Sodec.

*Autour de nous*, Manuel A

© 2008, Les Éditions CEC inc.
9001, boul. Louis-H.-La Fontaine
Anjou (Québec) H1J 2C5

Dépôt légal : 2008
Bibliothèque et Archives nationales du Québec
Bibliothèque et Archives Canada

ISBN 978-2-7617-2646-7

Imprimé au Canada
7 8 9 10   13 12 11 10

**Illustrations**

Marie Lafrance (couverture), Julie Besançon (module 1), Daniela Zekina (modules 2 et 4), Volta Créations (modules 3 et 8), Sophie Lewandowski (modules 5 et 7), Benoit Laverdière (module 6)

**Recherche iconographique**

Perrine Poiron et Jean-François Beaudette

Les auteures et l'Éditeur tiennent à remercier les personnes suivantes, qui ont participé au projet.

**Consultants scientifiques (contenu éthique et culture religieuse)**
Benoît Mercier
Pierre Després
Benoît Patar
Robert Rousseau

**Consultants pédagogiques**
Marlène Asselin, commission scolaire de la Seigneurie-des-Mille-Îles
Geneviève Bélanger, commission scolaire de la Pointe de l'Île
Josée Chrétien, commission scolaire de Montréal
Geneviève Prenoveau, commission scolaire de la Seigneurie-des-Mille-Îles
Mélanie Turcotte, commission scolaire des Grandes-Seigneuries

# Table des matières

: contenu en culture religieuse.

: contenu en éthique.

# Lettre à l'élève

Bonjour toi !

Dans ton manuel *Autour de nous*, tu exploreras le monde de l'éthique et de la culture religieuse. Un peu partout, tu verras des bouts de tissu cousus les uns aux autres, comme dans une courtepointe. Ce n'est pas un hasard.

Cette courtepointe représente en quelque sorte la société dans laquelle tu vis. Comme les personnes, chaque morceau est unique et différent des autres, mais fait partie d'un tout bien plus grand. Chaque morceau est aussi lié aux autres par un fil. Ce fil peut être comparé aux relations que les gens ont entre eux et au dialogue qu'ils utilisent pour communiquer. Plus le fil est de qualité, plus la courtepointe sera solide. Plus le dialogue est respectueux des autres et efficace, plus il sera facile de vivre ensemble, en harmonie.

Viens découvrir ce qui se passe autour de toi et de tes camarades.

Viens découvrir ce monde, *Autour de nous…*

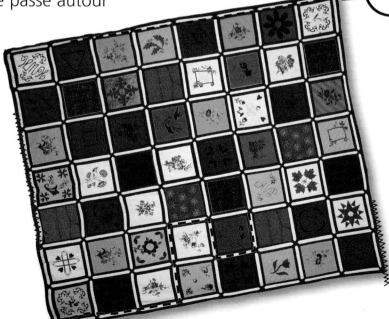

# Mode d'emploi

Ce manuel **Autour de nous** comprend huit modules qui développent les compétences relatives à l'éthique, à la culture religieuse et à la pratique du dialogue. À la fin de ce manuel se trouve une section appelée **La boîte de dialogue**.

**Unik**, une des mascottes de la collection, en présente le contenu. Elle est utilisée tout au long du manuel lorsqu'une occasion de dialogue se présente. L'autre mascotte, **Fil**, est employée dans la rubrique **Les infos de Fil**.

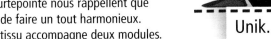

Unik.

Des morceaux de courtepointe nous rappellent que la diversité permet de faire un tout harmonieux. Aussi, chaque pièce de tissu accompagne deux modules.

Le titre du module annonce le thème abordé.

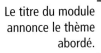

Un court texte donne un aperçu du contenu abordé au cours des unités.

Un pictogramme indique que le texte de la première unité est repris sur un CD audio.

Dans la rubrique **Rappel**, on retrouve certaines notions vues précédemment.

Titre de l'unité.

**Unité 1**

## Des besoins comblés

Migüel vit au Québec, mais il est né à Santa Ana, au Guatemala. À l'âge de quatre ans, Migüel a perdu ses parents dans un accident. Il a donc été confié à un orphelinat.

Migüel avait beaucoup de chagrin, mais il avait un toit, de l'eau et mangeait trois repas par jour. Des adultes s'occupaient de lui et le consolaient quand ils avaient un peu de temps. Évidemment, sa vie ne ressemblait pas à celle d'avant. Les jouets étaient peu nombreux et il fallait les partager. Parfois, Migüel devait attendre un peu pour demander quelque chose car son éducatrice devait s'occuper de plusieurs enfants. Même si la vie en groupe était différente de la vie en famille, Migüel s'est adapté et s'est fait des amis.

Dans cet orphelinat, ce sont surtout les enfants de moins de deux ans que les adultes adoptent. C'est probablement pour le plaisir de voir grandir l'enfant. Migüel a eu de la chance ! Quelques mois après son arrivée, on lui a appris qu'un couple du Québec, au Canada, souhaitait l'adopter. Il était tellement content d'avoir à nouveau une famille !

À compter de ce jour, sa vie a changé. Il laissait derrière lui son pays natal, mais trouvait des parents adoptifs. Ceux-ci sont venus le chercher pour l'emmener vivre au Québec. Quel changement !

**Rappel**

Un besoin peut être physique (ex. : manger), affectif (ex. : recevoir du réconfort), intellectuel (ex. : apprendre) ou culturel (ex. : se divertir).

10  Module 1

Migüel a une chambre à lui tout seul dans sa nouvelle maison. C'est très grand. Il y a même une pièce pour la lecture et une chambre d'amis. Au Guatemala, la maison où il avait vécu avec ses parents était beaucoup plus petite.

Dans son nouveau quartier, Migüel s'est fait une nouvelle amie, Héléna. Elle est née au Québec et ses parents sont Mexicains.

Héléna est une amie généreuse. Par exemple, à la rentrée scolaire, elle lui a présenté des élèves dans la cour d'école. De plus, elle l'aide en lui apprenant quelques mots de français. À son tour, Migüel donne quelques trucs à Héléna en dessin.

Migüel pensera toujours à ses parents biologiques, mais il est heureux d'avoir une nouvelle vie avec des parents adoptifs qui l'aiment et qui prennent soin de lui.

*Une maison au Québec.*

*Une maison au Guatemala.*

À la fin de chaque unité, une activité est proposée sous forme de question.

Quels sont les besoins de Migüel ? Comment les satisfait-il ?

Penses-tu que le besoin d'affection de Migüel était toujours comblé par les adultes de l'orphelinat ? Pourquoi ?

▶ 100

Toi, moi, nous  11

Un pictogramme indique qu'une fiche reproductible est prévue à cette fin.

La présence de la mascotte Unik annonce qu'on exploite la question à l'aide du dialogue.

La mascotte Unik indique à quelle section de **La boîte de dialogue** renvoie le contenu exploité.

Chaque unité se termine avec un pavé. Un pavé vert amène une question relative à un contenu en éthique.

Fil.

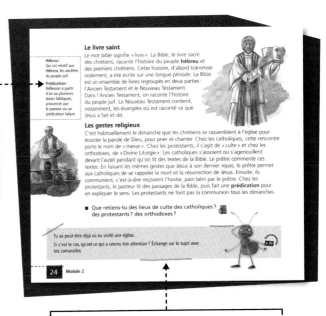

La rubrique **Les infos de Fil**, présentée sous forme de question et réponse, fournit des renseignements complémentaires en lien avec le sujet exploité.

Certains mots, en bleu dans le texte, sont définis en marge afin de faciliter la compréhension du texte. Ces mots sont repris dans le glossaire à la fin du manuel.

Un pavé jaune amène une question relative à un contenu en culture religieuse.

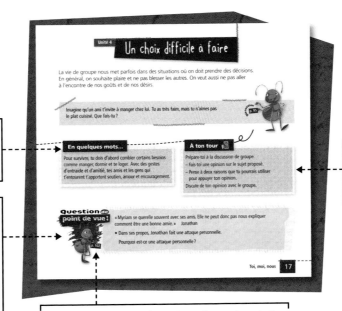

La rubrique **En quelques mots…** constitue un résumé du module en vue de la tâche de la rubrique **À ton tour**.

La rubrique **Question de point de vue !**, à la fin de chaque module, propose un exercice en lien avec la compétence du dialogue.

Il s'agit d'exercices qui se font oralement. C'est l'occasion de reconnaître les moyens pour interroger un point de vue (types de jugements et éléments qui peuvent nuire au dialogue).

La rubrique **À ton tour** présente le défi. Une fiche reproductible est prévue pour en faciliter la réalisation.

La mascotte Unik indique à quelle section de **La boîte de dialogue** renvoie le contenu exploité.

# Toi, moi, nous

À ton avis, l'être humain peut-il vivre seul? Dans ce module, tu verras que vivre en groupe présente de nombreux avantages. Tu découvriras aussi que les êtres humains s'entraident de bien des façons.

# Des besoins comblés

Migüel vit au Québec, mais il est né à Santa Ana, au Guatemala. À l'âge de quatre ans, Migüel a perdu ses parents dans un accident. Il a donc été confié à un orphelinat.

Migüel avait beaucoup de chagrin, mais il avait un toit, de l'eau et mangeait trois repas par jour. Des adultes s'occupaient de lui et le consolaient quand ils avaient un peu de temps. Évidemment, sa vie ne ressemblait pas à celle d'avant. Les jouets étaient peu nombreux et il fallait les partager. Parfois, Migüel devait attendre un peu pour demander quelque chose car son éducatrice devait s'occuper de plusieurs enfants. Même si la vie en groupe était différente de la vie en famille, Migüel s'est adapté et s'est fait des amis.

Dans cet orphelinat, ce sont surtout les enfants de moins de deux ans que les adultes adoptent. C'est probablement pour le plaisir de voir grandir l'enfant. Migüel a eu de la chance ! Quelques mois après son arrivée, on lui a appris qu'un couple du Québec, au Canada, souhaitait l'adopter. Il était tellement content d'avoir à nouveau une famille !

## Rappel

Un besoin peut être physique (ex. : manger), affectif (ex. : recevoir du réconfort), intellectuel (ex. : apprendre) ou culturel (ex. : se divertir).

À compter de ce jour, sa vie a changé. Il laissait derrière lui son pays natal, mais trouvait des parents adoptifs. Ceux-ci sont venus le chercher pour l'emmener vivre au Québec. Quel changement !

Migüel a une chambre à lui tout seul dans sa nouvelle maison. C'est très grand. Il y a même une pièce pour la lecture et une chambre d'amis. Au Guatemala, la maison où il avait vécu avec ses parents était beaucoup plus petite.

Dans son nouveau quartier, Migüel s'est fait une nouvelle amie, Héléna. Elle est née au Québec et ses parents sont Mexicains.

Héléna est une amie généreuse. Par exemple, à la rentrée scolaire, elle lui a présenté des élèves dans la cour d'école. De plus, elle l'aide en lui apprenant quelques mots de français. À son tour, Migüel donne quelques trucs à Héléna en dessin.

Migüel pensera toujours à ses parents biologiques, mais il est heureux d'avoir une nouvelle vie avec des parents adoptifs qui l'aiment et qui prennent soin de lui.

*Une maison au Québec.*

*Une maison au Guatemala.*

■ Quels sont les besoins de Migüel ? Comment les satisfait-il ?

Penses-tu que le besoin d'affection de Migüel était toujours comblé par les adultes de l'orphelinat ? Pourquoi ?

explication
p. 100

# L'entraide

Il t'est sûrement déjà arrivé de vivre des situations où tu as eu besoin des autres. Peut-être que quelqu'un t'avait alors offert son aide. À ton tour, tu as sans doute eu l'occasion de donner un coup de main à une personne de ton entourage. Lorsqu'on se console les uns les autres ou qu'on se rend service, on dit qu'on s'entraide.

## Des organismes d'entraide

**Bénévole:**
Personne qui en aide une autre sans y être obligée et sans se faire payer.

À travers le monde, des **bénévoles** aident des personnes qui vivent des difficultés. Certains bénévoles se regroupent en organismes afin d'unir leurs efforts. Ainsi, plusieurs organismes d'entraide ont été créés au fil des ans, chacun répondant à des besoins différents. Par exemple, certains donnent des vêtements à des gens qui n'ont pas de travail alors que d'autres accueillent les sans-abri lors des grands froids.

# La société de Saint-Vincent de Paul

La société de Saint-Vincent de Paul est un organisme d'entraide bien connu. Elle a été fondée par Frédéric Ozanam. Né en 1813, Frédéric a grandi à Lyon, en France, auprès de ses parents qui aidaient les gens pauvres. À l'âge de 20 ans, il a fondé la société de Saint-Vincent de Paul en l'honneur de Vincent de Paul, un prêtre catholique, qui a consacré sa vie à aider les autres.

Frédéric avait un souhait : venir en aide aux personnes dans le besoin. Son rêve est devenu réalité, car la société de Saint-Vincent de Paul compte maintenant des milliers de membres bénévoles à travers le monde qui viennent en aide aux gens démunis, qu'importe leur nationalité et leur religion. Voici deux activités d'entraide mises sur pied par cet organisme.

**Rappel**

Dans la famille des chrétiens, il y a les catholiques, les protestants et les orthodoxes.

*La Grande Guignolée des médias est un événement annuel. Des centaines de bénévoles, à plusieurs endroits du Québec, sollicitent la générosité des gens afin de recueillir des denrées et de l'argent. Cette récolte permet à la société de Saint-Vincent de Paul et à d'autres organismes de nourrir des familles démunies dans le temps des fêtes.*

*L'Opération Bonne Mine existe depuis 1994. Les sommes amassées permettent aux enfants en milieu défavorisé d'acheter les articles scolaires nécessaires lors de la rentrée, de participer à des sorties culturelles et de s'inscrire à des activités parascolaires.*

Des activités de loisir sont mises sur pied pour les personnes handicapées. Cela leur permet de s'intégrer plus facilement dans la société et les aide à avoir confiance en elles.

## Le YMCA

C'est l'Anglais George Williams qui a fondé le premier YMCA (*Young Men's Christian Association*) qui est un autre organisme d'entraide, d'inspiration évangélique protestante. Dans sa jeunesse, George Williams devait travailler de longues journées dans des conditions très difficiles. Dans un centre communautaire, il participait à des rencontres avec d'autres jeunes travailleurs, chrétiens comme lui, pour discuter, méditer et prier. Ensemble, ils ont ensuite décidé de s'unir pour aider des gens démunis.

Le premier YMCA au Canada a été fondé à Montréal en 1851. La mission de cet organisme a évolué de même que ses activités, afin de servir et d'aider des gens de tous les âges et de toutes les origines.

Voici deux exemples d'activités d'entraide mises sur pied par le YMCA de Montréal.

Le respect des autres et l'entraide sont des valeurs que les jeunes mettent en pratique au cours de leur séjour au camp de jour.

- ■ Si tu décidais d'aider les personnes dans les situations illustrées à la page 12, quelles actions ferais-tu ?

Le YMHA (*Young Men's Hebrew Association*), dirigé par des gens de religion juive, est un centre communautaire qui accomplit des gestes d'entraide. Les bénévoles amassent de l'argent pour permettre à des jeunes défavorisés ou souffrant d'une déficience physique ou mentale de participer à diverses activités.

Connais-tu un autre organisme d'entraide ? Décris-le.

Description p. 99

# Des gestes d'amitié

Vivre avec les autres favorise les relations d'entraide et d'amitié. Les gens se croisent, se parlent et apprennent à se connaître. Ils se découvrent des intérêts et des goûts communs. Par les activités de loisir, on crée souvent des liens d'amitié.

As-tu déjà entendu parler des scouts ? À travers le monde, des millions de jeunes de toutes les origines en font partie. C'est Robert Baden-Powell, fils de pasteur et général de l'armée britannique, qui a fondé le mouvement scout il y a plus de 100 ans. Pour lui, l'amitié, l'entraide et le sens de Dieu étaient des valeurs très importantes. Il a rassemblé des jeunes pour leur apprendre à faire de leur mieux et à accomplir chaque jour une bonne action.

Voici des scouts qui se sont liés d'amitié.

« J'ai rencontré ma meilleure amie, Maya, chez les Castors. Nous aimons toutes les deux chanter et jouer à des grands jeux. » Julia

« Chez les Louveteaux, j'ai découvert que Julien s'intéressait à la nature autant que moi. Dans les camps, nous aimons tous les deux préparer le feu. » Samuel

« Mon camp d'été m'a permis de mieux connaître Alexia. Lorsque nous avons fait de la peinture sur roches, j'ai vu qu'elle était aussi minutieuse que moi, car elle faisait attention aux petits détails. » Annabelle

En amitié, on se comprend et on se respecte, on s'écoute et on s'entraide.
Voici des gestes faits par des enfants de ton âge pour entretenir leurs amitiés.

**«** Mon ami Éliott se déplace en fauteuil roulant. Même s'il est différent, j'aime bien jouer avec lui au basket-ball. **»**   Youri

**«** Lorsque ma meilleure amie Julia réussit son examen de mathématique avec une note parfaite, je la félicite même si je l'envie beaucoup. **»**   Charlie

**«** La grand-mère de mon amie Sofia vient de mourir. Sofia ne m'accompagne pas à la piscine. Je comprends qu'elle souhaite rester seule pour vivre sa peine. **»**   Maéva

**«** Mon amie Marissa a été adoptée. Elle ne mangeait pas à sa faim avant de vivre dans sa famille d'adoption. Je comprends pourquoi elle cache parfois de la nourriture. **»**   Émile

**«** Il n'y a pas de plaisir comparable à celui de rencontrer un vieil ami, excepté, peut-être, le fait de s'en faire un nouveau. **»**

Rudyard Kipling, « Un beau dimanche anglais », *Chansons de la chambrée*, Traduction Savine et Georges-Michel, Édition française illustrée, 1920.

■ **Tu as vu ce qu'est l'amitié pour Rudyard Kipling. Pour toi, quelles qualités font d'une personne un bon ami ou une bonne amie ?**

Des liens d'amitié sont créés pour différentes raisons. Parfois, c'est parce que l'on se ressemble. D'autres fois, c'est parce que l'on se complète par nos différences.

Crois-tu qu'il est plus facile de créer des liens d'amitié avec une personne qui te ressemble ou avec une personne qui te complète ? Pourquoi ?

Comparaison p. 99

Unité 4

# Un choix difficile à faire

La vie de groupe nous met parfois dans des situations où on doit prendre des décisions. En général, on souhaite plaire et ne pas blesser les autres. On veut aussi ne pas aller à l'encontre de nos goûts et de nos désirs.

Imagine qu'un ami t'invite à manger chez lui. Tu as très faim, mais tu n'aimes pas le plat cuisiné. Que fais-tu ?

Discussion p. 95

## En quelques mots...

Pour survivre, tu dois d'abord combler certains besoins comme manger, dormir et te loger. Avec des gestes d'entraide et d'amitié, tes amis et les gens qui t'entourent t'apportent soutien, amour et encouragement.

## À ton tour

Prépare-toi à la discussion de groupe.

– Fais-toi une opinion sur le sujet proposé.

– Pense à deux raisons que tu pourrais utiliser pour appuyer ton opinion.

Discute de ton opinion avec le groupe.

## Question de point de vue !

p. 102

« Myriam se querelle souvent avec ses amis. Elle ne peut donc pas nous expliquer comment être une bonne amie. »    Jonathan

• Dans ses propos, Jonathan fait une attaque personnelle.

Pourquoi est-ce une attaque personnelle ?

# Des lieux de culte à découvrir

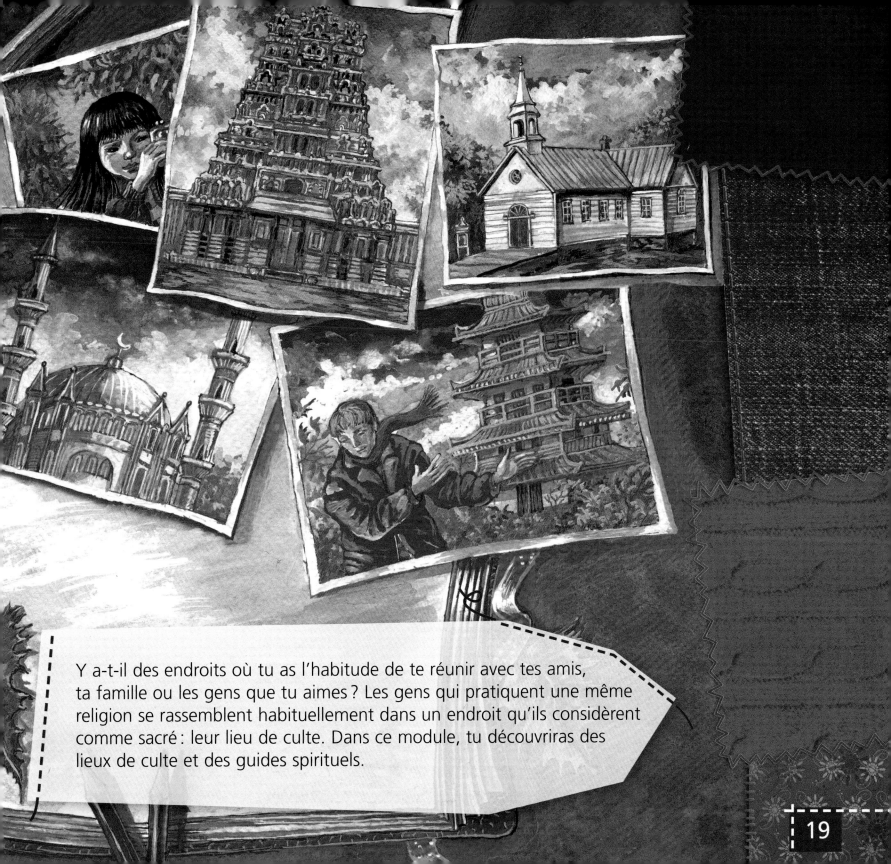

Y a-t-il des endroits où tu as l'habitude de te réunir avec tes amis, ta famille ou les gens que tu aimes ? Les gens qui pratiquent une même religion se rassemblent habituellement dans un endroit qu'ils considèrent comme sacré : leur lieu de culte. Dans ce module, tu découvriras des lieux de culte et des guides spirituels.

# Les photos de Charlie

Charlie ne tient plus en place ! Aujourd'hui, elle pourra enfin utiliser le nouvel appareil photo qu'elle a reçu pour son anniversaire. Son père, un passionné de photographie, propose de lui enseigner quelques trucs.

Dehors, le soleil brille et illumine les feuilles d'automne. C'est une journée idéale pour s'initier à la photographie. Charlie est fière de faire une sortie seule avec son père, en ville. Elle sautille de joie sur le trottoir, son appareil photo à la main. Au loin, on entend un carillon. Curieuse, Charlie accélère le pas.

Elle arrive devant un grand bâtiment de pierres qui fait penser à un château avec ses deux grandes tours. Elle admire les statues, les vitraux et les trois arches à l'entrée. Il y a aussi une grande croix sur les portes. Son père lui explique qu'il s'agit d'une cathédrale, une grande église où vont prier certains chrétiens. Charlie prend enfin ses premières photos.

– Papa, est-ce que les personnes qui pratiquent d'autres religions se rencontrent aussi dans un lieu particulier ?

– Oui, les gens qui pratiquent la même religion se réunissent dans leur lieu de culte. À notre retour, je te ferai découvrir certains de ces lieux que j'ai photographiés dans les pays que j'ai visités.

À la maison, Charlie tourne les pages des albums de voyage de son père. Son regard s'arrête sur une statue de bronze.

– Papa, mon amie Katsouko a la même statue chez elle !

– C'est la statue du Bouddha. Regarde derrière. Tu peux voir une pagode, le lieu où les bouddhistes vont se recueillir.

Sur une autre photo, Charlie remarque des femmes portant des vêtements aux couleurs vives. Son père lui explique que le bâtiment à leur gauche est un temple hindou et que ces femmes hindoues s'y rendent, à l'occasion, pour y présenter des offrandes à la divinité.

Le père de Charlie lui montre la photo d'un autre lieu. Il lui explique qu'il s'agit d'une synagogue, le lieu de culte où se rencontrent les juifs. Au-dessus des doubles portes, on peut voir un beau vitrail avec une étoile blanc et bleu.

Charlie demande si tous ces lieux de culte sont présents dans sa ville parce qu'elle aimerait bien les photographier. Son père lui explique qu'on retrouve plusieurs de ces lieux, mais que certains n'ont pas la même architecture que celle présentée sur les photos. Charlie est impatiente de photographier les lieux de culte de sa ville.

■ **Quel est le nom du lieu de culte des juifs ? des bouddhistes ? des hindous ? des chrétiens ?**

Les vitraux servent à illustrer les récits de la Bible. C'était utile notamment pour les gens qui ne savaient pas lire. De nos jours, on retrouve des vitraux un peu partout et ils ne représentent plus seulement des scènes religieuses.

As-tu déjà vu un vitrail? Décris ce qu'il représente.

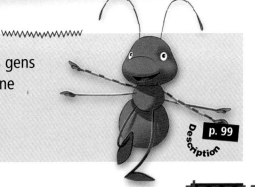

Description

p. 99

# Les lieux de culte des chrétiens

Lieu de culte :
Endroit où
des croyants
se réunissent pour
rendre hommage
à la divinité.

Les catholiques, les protestants et les orthodoxes font partie de la grande famille des chrétiens. Ils croient tous en Dieu, mais ils se sont séparés il y a très longtemps parce qu'ils n'étaient pas entièrement d'accord sur certaines questions. L'orthodoxie est née au 13e siècle, tandis que le protestantisme est né au 16e siècle. Leurs **lieux de culte** et leurs guides spirituels ne sont pas tous les mêmes.

*La chapelle Notre-Dame de Kazan, Rawdon.*

*L'oratoire Saint-Joseph, Montréal.*

*L'église de Sainte-Marcelline, Sainte-Marcelline-de-Kildare.*

## Les lieux de culte

Que ce soit seuls ou en groupe, dans une petite chapelle ou une immense cathédrale, les chrétiens se réunissent pour prier Dieu. C'est dans ces lieux de culte qu'ils célèbrent les grands moments de la vie chrétienne, comme la **messe**, le **culte**, la **Divine Liturgie**, le baptême, la première communion, le mariage ou les funérailles.

*Une église catholique.*

**Messe :** Célébration catholique qui représente le dernier repas de Jésus.

**Culte :** Assemblée où se réunissent les protestants, généralement le dimanche.

**Divine Liturgie :** Célébration réunissant les orthodoxes, le dimanche.

## Les guides spirituels

Les guides spirituels des chrétiens accordent une grande importance à Dieu. Ils consacrent leur vie à servir les chrétiens et à enseigner l'Évangile, qui raconte la vie de Jésus. Les guides spirituels des catholiques sont les prêtres, les évêques et le pape. Les guides spirituels des protestants sont les pasteurs. Ceux des orthodoxes sont les popes, les évêques et les patriarches.

*Le pape Benoît XVI.*

Hébreu:
Qui est relatif aux Hébreux, les ancêtres du peuple juif.

Prédication:
Réflexion à partir d'un ou plusieurs textes bibliques, prononcés par le pasteur ou un prédicateur laïque.

## Le livre saint

Le mot *bible* signifie « livre ». La Bible, le livre sacré des chrétiens, raconte l'histoire du peuple **hébreu** et des premiers chrétiens. Cette histoire, d'abord transmise oralement, a été écrite sur une longue période. La Bible est un ensemble de livres regroupés en deux parties : l'Ancien Testament et le Nouveau Testament. Dans l'Ancien Testament, on raconte l'histoire du peuple juif. Le Nouveau Testament contient, notamment, les évangiles où est raconté ce que Jésus a fait et dit.

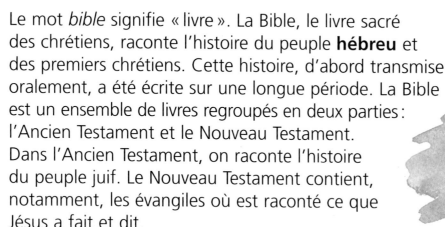

## Les gestes religieux

C'est habituellement le dimanche que les chrétiens se rassemblent à l'église pour écouter la parole de Dieu, pour prier et chanter. Chez les catholiques, cette rencontre porte le nom de « messe ». Chez les protestants, il s'agit de « culte » et chez les orthodoxes, de « Divine Liturgie ». Les catholiques s'assoient ou s'agenouillent devant l'autel pendant qu'on lit des textes de la Bible. Le prêtre commente ces textes. En faisant les mêmes gestes que Jésus à son dernier repas, le prêtre permet aux catholiques de se rappeler la mort et la résurrection de Jésus. Ensuite, ils communient, c'est-à-dire reçoivent l'hostie, pain béni par le prêtre. Chez les protestants, le pasteur lit des passages de la Bible, puis fait une **prédication** pour en expliquer le sens. Les protestants ne font pas la communion tous les dimanches.

■ Que retiens-tu des lieux de culte des catholiques ? des protestants ? des orthodoxes ?

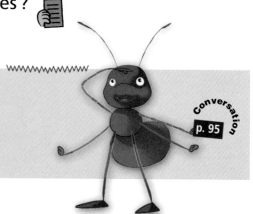

Tu as peut-être déjà vu ou visité une église.

Si c'est le cas, qu'est-ce qui a retenu ton attention ? Échange sur le sujet avec tes camarades.

Conversation p. 95

# D'autres lieux de culte

## Visite d'une synagogue

Les juifs pratiquent l'une des plus anciennes religions du monde. Ils se rassemblent à la synagogue pour prier Dieu, fêter et étudier la Torah, leur livre sacré.

### Le livre saint

Le peuple juif étudie la Torah. C'est l'ensemble des cinq premiers livres du Tanakh, c'est-à-dire la bible hébraïque. Les juifs croient que Dieu leur a donné ces textes pour les guider dans leur vie quotidienne. La Torah est présentée sous forme de rouleaux. À la synagogue, on la place dans une armoire spéciale appelée l'Arche.

Les juifs étudient aussi le Talmud, un livre contenant, entre autres, des commentaires savants sur la Torah.

## Les infos de Fil

**Pourquoi les juifs se couvrent-ils la tête à la synagogue ?**

C'est pour eux un signe de respect envers Dieu. Beaucoup d'hommes portent la kippa, une petite calotte placée sur le dessus de la tête lors de la prière, alors que d'autres la portent tout le temps. Certaines femmes mariées couvrent leurs cheveux avec des foulards, des chapeaux, des bérets ou des perruques lors de la prière ou en tout temps.

### Les gestes religieux

Du vendredi au coucher du soleil, jusqu'au samedi au coucher du soleil, c'est le jour du shabbat. Les juifs pratiquants vont à la synagogue pour prier et pour écouter un passage de la Torah. Le rabbin monte sur la bimah, une estrade au milieu de la synagogue. Il y explique l'extrait présenté. Pour prier, les hommes portent le tallit, un châle de prière. Ils portent aussi les **tefillins**, soit au bras gauche, soit sur le front.

Tefillin :
Chacune des deux boîtes contenant des extraits de la Torah, que certains juifs pratiquants portent sur la tête et sur un bras lors des prières.

*Une synagogue.*

## Visite d'une mosquée

Le vendredi, les musulmans aiment se réunir dans la grande salle de la mosquée pour prier Dieu.

## Le livre saint

Pour les musulmans, Muhammad est le plus important des prophètes. Il a reçu de l'ange Gabriel les révélations de Dieu et les a transmises aux hommes. Ces révélations sont réunies dans un livre appelé le Coran. Les enfants musulmans vont étudier le Coran à la maison et souvent aussi à l'école coranique, parfois reliée à une mosquée.

*Le Coran.*

## Les gestes religieux

Chaque vendredi vers midi, le **muezzin** appelle les musulmans à la prière directement ou par haut-parleur, à partir du haut du minaret, une tour devant la mosquée. Avant d'entrer, les musulmans retirent leurs chaussures. Ensuite, ils se lavent les mains, le visage et les pieds de manière rituelle. C'est ce qu'on appelle les « ablutions ». Les ablutions servent à se montrer propre et pur à Dieu. Les hommes et les femmes, regroupés dans la plupart des cas dans des sections séparées, se prosternent pour faire la prière dirigée par l'imam. Cette prière contient des passages coraniques. Puis, les vendredis à l'heure de la prière du midi, les musulmans présents à la mosquée écoutent une **prêche** de l'imam, le chef de prière.

*Une mosquée.*

**Muezzin :** Chez les musulmans, personne qui a comme rôle d'appeler les fidèles à la prière.

**Prêche :** Discours généralement fait devant une assemblée de croyants.

### Rappel

Pour les juifs, les chrétiens et les musulmans, un prophète est un homme choisi par Dieu pour transmettre son message aux êtres humains.

■ Que retiens-tu des lieux de culte des juifs et des musulmans ?

Selon la religion, le lieu de culte et les règles à respecter varient.

Si tu visitais un lieu de culte dont tu ne pratiques pas la religion, quelles règles devrais-tu respecter ? Explique pourquoi.

*Explication* p. 100

# Se recueillir autrement

*Le temple de Mînâkskî, à Madurai, Inde.*

En plus de se réunir dans leurs lieux de culte, les hindous et les bouddhistes ont un endroit à la maison où ils se recueillent pour prier en famille.

## Visite guidée

### Chez les hindous

Les hindous ont de nombreux dieux. Les plus connus sont Vishnu, Shiva, Krisna et Rama. Les hindous vont parfois prier dans des temples et faire des offrandes que le guru, leur guide spirituel, présente ensuite aux dieux en chantant. Tous les jours, les hindous font leur puja à la maison : assis devant l'image d'un de leurs dieux, ils récitent des prières en faisant brûler de l'encens. Ils font aussi des offrandes d'eau, de fleurs et de grains de riz.

### Chez les bouddhistes

Les bouddhistes n'ont pas de dieu. Ils suivent l'enseignement du Bouddha, qui prône une vie de paix. Les bouddhistes se rendent à la pagode pour lui faire des offrandes de nourriture et de fleurs. Dans des monastères, des moines leur enseignent la vie et les idées du Bouddha. Tous les jours, les bouddhistes font leur puja à la maison, comme les hindous. Ils récitent des prières en faisant brûler de l'encens, devant un petit autel sur lequel se trouve une image ou une représentation du Bouddha, généralement une statue.

*Une pagode bouddhique, en Chine.*

L'architecture des lieux de culte que l'on retrouve au Québec varie selon la religion.
Ces lieux, dont les plus anciens sont autochtones, catholiques, protestants ou juifs,
font partie du patrimoine religieux du territoire québécois.

## En quelques mots...

Les églises, les synagogues, les mosquées, les temples et les pagodes sont des endroits où les croyants se réunissent pour pratiquer leurs religions. Dans la plupart de ces lieux de culte, des guides spirituels animent des célébrations religieuses. Ils font connaître les paroles et les écrits qui inspirent leur communauté religieuse et ils guident les croyants.

## À ton tour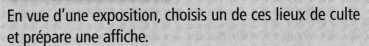

En vue d'une exposition, choisis un de ces lieux de culte et prépare une affiche.

Sur ton affiche, décris et illustre le bâtiment, le guide spirituel et un geste religieux en lien avec ce lieu de culte.

## Question de point de vue!

p. 101

« Mon enseignante m'a appris qu'il y a plus de 800 ans, le roi de France et l'évêque de Paris décidèrent de construire la cathédrale Notre-Dame de Paris. La construction, commencée en 1163, s'est échelonnée sur un peu plus de 100 ans. »    Dominique

• En donnant des informations sur la cathédrale de Paris, Dominique fait un jugement de réalité. Vérifie s'il est vrai ou faux.

  – D'où viennent les informations de Dominique?

  – S'agit-il d'une source fiable?

# Sur la route de l'harmonie

La vie t'amène à rencontrer plusieurs personnes appartenant à différents groupes, que ce soit à l'école, dans certaines activités sportives ou culturelles. Ces gens ont des goûts, des intérêts, des habitudes ou des modes de vie différents des tiens. Dans ce module, tu découvriras des moyens pour favoriser des relations harmonieuses entre ces gens.

# Prendre sa place

Anonkwe est un garçon timide. Il a parfois de la difficulté à dire ce qu'il pense. Il hésite à donner son opinion dans un groupe. Aujourd'hui, au conseil de classe, il souhaitait parler d'un problème qu'il vit dans la cour d'école, mais sa gêne l'a empêché de parler.

Pour se distraire un peu au retour, il propose à sa grande sœur Arakwa d'aller se promener au parc. Il y a d'énormes arbres, des sentiers, de petits animaux. Arakwa aime bien la nature et prend son temps pour expliquer à son frère ce qu'elle sait. Aujourd'hui, équipés de jumelles, Anonkwe et Arakwa observent les oiseaux.

– J'adore les oiseaux. Ils sont si colorés ! Et ils ont l'air de vivre en paix, dit Anonkwe.

– C'est vrai que les oiseaux vivent souvent en harmonie. Cependant, quand tu les auras observés davantage, tu verras qu'ils ont parfois des prises de bec, répond Arakwa. Je trouve que les êtres humains, quand ils sont en groupe, ont des comportements qui ressemblent à ceux des oiseaux.

– Ah oui ?

– Oui. En fait, chaque espèce d'oiseau adopte des comportements particuliers, selon la situation. Toi et moi, nous faisons cela aussi. Nous n'agissons pas de la même façon en famille et en classe. Ah, justement, regarde l'oiseau noir sur la branche. C'est un étourneau sansonnet. Cet oiseau imite le chant des autres espèces d'oiseaux.

– Les étourneaux devraient se trouver un chant bien à eux, dit Anonkwe.

– Je suis bien d'accord avec toi. Quand on ne dit pas vraiment ce qu'on pense, qu'on répond la même chose que les autres sans donner sa propre opinion, on agit un peu comme un étourneau ! Tiens, regarde sur la branche là-bas, c'est un vacher à tête brune.

– Qu'est-ce qu'ils ont de spécial, ces oiseaux ?

– Les vachers ne construisent pas de nid. La femelle pond ses œufs dans le nid des autres espèces et y laisse ses petits. Ces oiseaux prennent en fait une place qui ne leur appartient pas.

– Je crois que, dans la vie, il y a aussi des gens comme ça, qui ne laissent pas suffisamment de place aux autres. Est-ce que tu en connais, toi ? demande Anonkwe.

– Oui ! Ça m'est déjà arrivé d'agir comme ça avec toi. Quand tu étais petit, je répondais à ta place aux questions que les gens te posaient. Ça te mettait en colère ! Tiens, prends les jumelles. Regarde en haut du sapin. C'est un merlebleu de l'Est.

– Je n'en avais jamais vu avant, dit Anonkwe.

*Un étourneau sansonnet.*

*Un vacher à tête brune.*

*Un merlebleu de l'Est.*

*Un chardonneret.*

– C'est possible, parce que le nombre de merlebleus a beaucoup diminué. Il y en a de moins en moins, car des oiseaux comme les étourneaux s'installent dans les endroits où les merlebleus aiment construire leur nid. Finalement, on pourrait dire que les merlebleus ne prennent pas assez de place.

– Quel est ce petit oiseau jaune et noir ? demande Anonkwe.

– C'est un chardonneret. Il est sociable et aime la compagnie des autres oiseaux. Il a un chant unique, bien à lui. Il prend sa place tout en acceptant la présence des autres.

– J'ai une idée : essayons de voir à quelle espèce d'oiseau on ressemble le plus, dit Anonkwe.

– Bonne idée !

■ Toi, à quel oiseau ressembles-tu quand tu es à l'école ? dans ton groupe d'amis ?

Anonkwe a de la difficulté à prendre sa place en classe.

Que lui conseillerais-tu ?

Conversation
p. 95

# Des relations harmonieuses

Une relation harmonieuse, c'est lorsque des personnes se témoignent **réciproquement** du respect. Dans une relation harmonieuse, on s'écoute l'un l'autre, on se comprend, on se soutient. Aussi, on tient compte des différences de chacun afin d'être juste.

## Dans le groupe d'amis

Quand on exprime ses idées, ses sentiments ou ses opinions, qu'on écoute les autres et qu'on fait preuve d'**empathie**, on est sur le chemin d'une relation harmonieuse.

> **Réciproquement:**
> De manière réciproque, partagé de part et d'autre.
>
> **Empathie:**
> Faculté de se mettre à la place d'autrui, de percevoir ce qu'il ressent.

« Moi, j'écoute mes amis lorsqu'ils me parlent. Je leur pose des questions, car je m'intéresse à ce qu'ils me racontent. Quand, à mon tour, j'ai des choses à dire, mes amis font la même chose. » Alexis

« Quand mon amie a du chagrin, je la console. J'essaie de me mettre à sa place pour mieux la comprendre. Quand c'est moi qui ai un problème, mon amie m'aide à trouver des solutions. » Anaïs

## Dans la famille

Quand on est juste les uns envers les autres et qu'on tient compte des différences, on est aussi sur la voie des relations harmonieuses. Les enfants souhaitent que les adultes les traitent de façon équitable, que ce soit à l'école ou à la maison. C'est pourquoi la plupart des parents donnent des permissions et des responsabilités en tenant compte de l'âge des enfants.

« Mon petit frère a trois ans. Mes parents ne lui permettent pas de se coucher à la même heure que moi ! Nos permissions sont un peu différentes. Nos responsabilités aussi. Moi, je dois faire mon lit tous les matins, mais mon frère est encore trop petit. Comme je suis plus vieux, j'ai aussi plus de responsabilités. Je trouve que c'est juste et équitable. » Patrick

## Dans d'autres groupes

Quand on se soutient les uns les autres, on est aussi sur la route de l'harmonie. Autrefois, dans la plupart des nations amérindiennes, il y avait un chef. Celui-ci ne donnait pas d'ordres aux membres de son village et il s'assurait de l'accord de la communauté avant de prendre une décision. Il respectait ainsi les désirs des gens de sa communauté et ne leur imposait rien. Le chef défendait l'opinion du groupe : il était solidaire avec les gens de son village.

Connais-tu la légende des chevaliers de la Table ronde ? Cette vieille histoire d'environ 1000 ans parle du roi Arthur et de ses courageux compagnons chargés d'assurer la paix du royaume. Ils travaillaient ensemble pour une même cause. Lorsque les chevaliers se réunissaient autour de la fameuse table, sa forme ronde leur rappelait qu'ils étaient tous égaux, comme des frères.

■ Quelles sont les situations où les relations sont harmonieuses ?

Les relations harmonieuses favorisent la bonne entente et le respect. À l'école, à quoi pourraient ressembler des relations harmonieuses ? Et avec tes amis ?

p. 99
Description

# La coopération en classe

La coopération favorise l'harmonie au sein d'un groupe et aide à mieux vivre ensemble. Coopérer, c'est travailler ensemble dans un même but, pour accomplir une tâche commune.

Dans la majorité des classes, on se réunit, un peu à la manière des chevaliers de la Table ronde! On appelle ces réunions des conseils de classe, ou des conseils de coopération.

Les élèves de la classe, avec l'enseignant ou l'enseignante, se rassemblent pour discuter. On s'assoit en cercle et on exprime ce qui va bien et ce qui va moins bien en classe : les responsabilités, les jeux, les projets, les relations avec les autres, etc. C'est un moment où l'on encourage particulièrement les relations harmonieuses. Chaque enfant y a sa place et a droit au respect. On y accepte les différentes opinions. Lorsqu'on a des décisions à prendre pendant un conseil de coopération, on cherche généralement un **consensus**.

**Consensus :**
Décision commune, entente à laquelle on parvient dans un groupe.

**«** Tous les élèves participent aux décisions. Il n'y a pas de chef, ni de personne préférée. On essaie de trouver des solutions qui conviennent à tout le groupe. Lorsqu'on n'y arrive pas, c'est notre enseignante qui décide. **»**  Emmanuel

La coopération est appropriée dans un conseil de classe. Il existe d'autres occasions de coopérer. On peut s'unir et s'entraider pour accomplir une même tâche. En voici des exemples.

Réaliser une œuvre d'art, comme un mural.

Organiser un événement spécial, comme une fête.

Planifier une sortie de classe, comme une visite au musée.

Connais-tu l'histoire des *Trois Mousquetaires*? C'est un livre écrit par Alexandre Dumas, en 1844. On y parle de quatre gardes, les mousquetaires, qui avaient comme mission de protéger le roi et la reine de France. Même s'ils étaient différents, ils savaient unir leurs forces et leurs talents. Tu as peut-être déjà entendu leur cri de ralliement, qui exprime la solidarité et la coopération : *Tous pour un, un pour tous !*

■ Imagine ce qui aurait pu arriver aux personnages de certaines histoires connues s'ils avaient coopéré (*La Cigale et la Fourmi*, *Hansel et Gretel*, etc.).

Dans une compétition sportive, les athlètes se mesurent les uns aux autres.

D'après toi, quelles sont les ressemblances et les différences entre la compétition et la coopération ?

Comparaison p. 99

# Une histoire d'harmonie

Voici une journée dans la vie de Sondokwa, un jeune Algonquin. Cela se passe il y a plus de 500 ans. Lui et les membres de son campement connaissaient déjà à cette époque des moyens de maintenir des relations harmonieuses.

C'est une belle journée pour la pêche. Sondokwa est à côté de son père, le harpon en main. Sondokwa espère attraper beaucoup de poissons. Ainsi, en retournant au campement, il pourra partager ses prises. Les pêcheurs travaillent ensemble afin de s'assurer que tous les habitants mangent à leur faim.

Sondokwa aime apprendre aux côtés de son père, qui est très patient. Il lui explique les bonnes manières et le traite comme son égal.

Ce soir, le père de Sondokwa participera à une réunion du conseil de clan, car c'est lui le chef. Il rentrera peut-être très tard dans la nuit, car il doit discuter de certains points avec les autres membres du conseil jusqu'à ce que tout le monde se soit mis d'accord.

## En quelques mots...

Il existe plusieurs façons de maintenir des relations harmonieuses et égalitaires dans un groupe. Le respect, l'écoute et la coopération en sont des exemples.

## À ton tour

Imagine que tu aides Unik à préparer la réunion de son club de lecture. Quels conseils lui donnerais-tu pour que sa réunion se déroule dans l'harmonie ?

– Formule trois conseils que tu donnerais.

– Explique chacun de ces conseils à l'aide d'exemples.

## Question de point de vue !

p. 102

« Maman, ce soir je veux me coucher tard. Mes amis disent qu'à partir de neuf ans, on peut se coucher à l'heure que l'on veut. »    Jean-Sébastien

• Est-ce que tu penses que cet argument utilisé par Jean-Sébastien est convaincant ?

Explique ta réponse.

# Des enfants responsables

Les enfants ont des droits, mais ils ont aussi des responsabilités.

Dans ce module, tu apprendras que, selon l'endroit où ils vivent, les enfants ont des rôles et des responsabilités qui sont parfois bien différents des tiens au Québec.

# Le voyage de Mélissandre

Ce matin, Mélissandre n'a pas à faire de corvées. Elle paresse sur sa couchette, pendant que son frère et sa sœur s'activent sur le pont. Même si des rayons de soleil percent à travers les nuages, ils ne sont pas assez forts pour chasser l'humidité matinale de la côte péruvienne. Depuis quelques mois, Mélissandre et sa famille vivent sur *L'explorateur*, le voilier familial. Dès leur jeune âge, Mélissandre, Malek et Mia ont été initiés par Thierry et Luccia, leurs parents, aux joies de la voile.

L'an dernier, lors d'un conseil de famille, il a été décidé de voyager vers le Pérou, le pays des ancêtres maternels. Vivre en famille sur un bateau est une belle expérience, mais de petits ajustements ont été nécessaires dès le début. Les enfants n'avaient pas toujours envie de faire leurs exercices de mathématiques ou d'écrire leur journal de bord. Nager avec les poissons ou rêvasser dans un hamac est bien agréable, mais comme il y a beaucoup de tâches à accomplir sur un bateau, chacun doit faire sa part. Il a donc fallu déterminer les rôles et les responsabilités de chacun.

– Imaginez notre voilier comme une grande scène où chaque personne doit jouer son rôle. Comme nous sommes vos parents, notre responsabilité est de prendre soin de vous, de vous éduquer et de vous protéger, dit Luccia.

– Comme je suis le navigateur le plus expérimenté, moi je joue aussi le rôle de capitaine, dit Thierry.

– Ah, je comprends, papa ! Comme Malek, Mia et moi, nous sommes les enfants, notre responsabilité est de t'aider.

– Oui, c'est ça, Mélissandre ! C'est pourquoi vous avez chacun vos tâches, dit le père en ébouriffant les cheveux de sa fille aînée.

– Maintenant, c'est le temps de jouer votre rôle d'écolier ! Moi, en plus de jouer le rôle de maman, j'ai aussi celui de l'enseignante. Capitaine Thierry, assure-toi de bien mouiller l'ancre.

Le matin, Mélissandre, son frère et sa sœur se consacrent à leurs travaux scolaires. L'après-midi, ils accomplissent les tâches selon leurs responsabilités. Aujourd'hui, Malek et Mia sont les apprentis cuisiniers. Ils vont vider et écailler les poissons. Mélissandre fait les courses et aime ce rôle. C'est à son tour d'accompagner sa mère au marché local pour acheter des pommes de terre. Elle espère revoir Tomasino, le jeune Indien quechua qu'elle a rencontré lors de sa dernière visite au marché. Elle lui a préparé une petite surprise : des feuilles de papier et des crayons qu'il pourra utiliser pour lui écrire.

Tomasino vit en montagne. Chez lui, tout le monde participe aux travaux des champs. Comme sa famille est pauvre et que l'école secondaire est loin de chez lui, en ville, Tomasino n'y va plus. Ainsi, il peut aider sa famille. Il s'ennuie d'aller en classe, mais il est fier de faire sa part et ne se plaint pas. Dans sa maison, Tomasino n'a pas l'eau courante ni l'électricité. Lui et ses sœurs ont la responsabilité d'aller chercher de l'eau au puits et de ramasser du bois pour chauffer la maisonnée.

Tomasino considère qu'il a de la chance de vivre dans sa maison aux murs de terre et de paille, avec ses grands-parents, ses parents et ses six sœurs, car elle n'a pas été détruite par le dernier tremblement de terre.

Mélissandre est contente d'avoir revu Tomasino. Elle s'est rendu compte que leurs vies ne sont pas du tout semblables. Malgré ses nombreuses responsabilités, Tomasino semble heureux.

■ Quels sont les rôles et les responsabilités des membres de la famille de Mélissandre ? de Tomasino ? Et toi, quels sont tes rôles et tes responsabilités ?

Au Québec, une loi oblige les enfants à fréquenter l'école jusqu'à seize ans.

À ton avis, pourquoi faut-il aller à l'école ?

p. 100

# Des rôles et des responsabilités

Dans la vie, les gens sont appelés à jouer des rôles différents. Dans ta famille, tu es peut-être le grand frère protecteur ou la grande sœur amusante. Dans ton groupe d'amis, tu peux être la personne à qui les autres vont se confier ou demander de l'aide. Dans ton équipe de soccer, tu es peut-être capitaine. Les responsabilités varient selon le rôle que tu as.

Comme les responsabilités varient également selon l'âge, les adultes ont plus de responsabilités que les enfants. Par exemple, les parents sont responsables de subvenir aux besoins de leurs enfants. Ils leur transmettent aussi leurs valeurs et leurs croyances. C'est pour cette raison que, dans certaines familles, les enfants préparent leur lunch, tandis que, dans d'autres, ils ont l'obligation de faire leur lit, par exemple.

Chaque enfant, fille ou garçon, riche ou pauvre, quelles que soient sa couleur, sa religion ou son origine, a le droit d'être soigné, d'aller à l'école et d'être en sécurité. Chaque enfant a aussi le droit d'exprimer son opinion. C'est ce qu'affirme la Convention internationale des droits de l'enfant. Ce document officiel est une promesse et une entente faites par presque tous les pays en 1989, pour garantir le bien-être des enfants de la Terre.

Cependant, il y a des pays où ces droits ne sont pas respectés. Par exemple, certaines familles sont tellement pauvres que la seule solution qu'elles trouvent pour survivre est de demander aux enfants de travailler.

# Kiran, un enfant au travail

Kiran a neuf ans. Il habite à Calcutta, en Inde. Avant que les fortes pluies détruisent les récoltes, il vivait à la campagne. Il aidait sa famille à cultiver le champ de blé et il allait à l'école. Depuis que sa famille vit en ville, son père travaille 15 heures par jour dans une usine, sa mère cire des chaussures et son frère tire un petit pousse-pousse dans lequel il transporte des gens. Kiran ne va plus à l'école, car ses parents n'ont pas d'argent pour payer les articles scolaires. Il doit travailler lui aussi pour aider à nourrir sa famille. Il vend parfois des objets trouvés dans le dépotoir. D'autres fois, il quête de l'argent.

Avec ses parents, il se rend régulièrement au temple pour prier et présenter des offrandes à Ganesh, le dieu à la tête d'éléphant, afin qu'il lui porte chance. Il continue de prier et il espère un jour pouvoir retourner à l'école.

■ Quel droit de Kiran n'a pas été respecté ? Pourquoi ?

Il y a des enfants qui doivent travailler pour survivre.

À ton avis, est-ce une trop grande responsabilité pour ces enfants ? Pourquoi ?

Explication
p. 100

# Des personnes importantes

Certaines personnes jouent un rôle important dans ta vie. Par leur présence et leurs actions, elles t'apprennent des choses, t'écoutent et te guident. Elles souhaitent t'aider à devenir un être de plus en plus responsable.

## Une gardienne spéciale

« J'ai toujours hâte qu'Émilie vienne me garder. Elle a de bonnes idées de bricolage. Elle m'enseigne des nouvelles techniques de dessin et m'apprend des jeux de stratégie. Depuis qu'elle m'a montré à jouer aux échecs, c'est une passion ! À l'école, on m'a nommée responsable du club d'échecs. » Rosalie

## Un prêtre inspirant

« L'an dernier, avec ma famille, j'ai participé à une collecte de vêtements qui ont été envoyés aux enfants du Bangladesh. J'ai donné tous les vêtements qui étaient devenus trop petits pour moi. Roger, un prêtre de mon église, m'a parlé de la vie des enfants dans les pays pauvres. Depuis, je trouve important d'aider les gens dans le besoin. Au prochain conseil de classe, je vais proposer une collecte de toutous pour les enfants malades de notre région. » Joël

Au Japon, par exemple, où la réussite scolaire est primordiale, les élèves ont des « maîtres ». Leur rôle est important, car ils ont la responsabilité d'amener leurs élèves à se surpasser.

## Les maîtres d'Aoki

Aoki a neuf ans. Elle vit en plein cœur de Tokyo, une ville du Japon pleine de néons et d'écrans géants. Dès 6 h 30, elle arrive à l'école et salue son maître Sho en se courbant devant lui en signe de respect. À l'école, elle doit obéir à son maître, car il représente le savoir et la sagesse. Pour elle comme pour la majorité des Japonais, il est très important de bien réussir. Sho est un excellent professeur. Il lui explique ce qu'elle ne comprend pas et l'aide à s'améliorer. Il lui apprend l'alphabet japonais, la calligraphie japonaise, les mathématiques, les sciences, le dessin, la musique, les arts martiaux et l'origami.

**Position du lotus :** Position de méditation avec le pied droit sur la cuisse gauche, le pied gauche sur la cuisse droite et le corps le plus droit possible.

Aoki est toujours très occupée. Chaque jour après l'école et pendant les vacances d'été, elle suit des cours de perfectionnement pour améliorer ses notes à l'école. Deux soirs par semaine, elle va au temple pratiquer la méditation qui l'aide à mieux se concentrer. Yuki, son maître bouddhiste, lui apprend à s'asseoir en **position du lotus** et lui enseigne des techniques de respiration.

Aoki est heureuse, car ses parents et ses maîtres sont fiers d'elle. Son souhait le plus cher est d'aller un jour dans l'une des meilleures universités du Japon.

■ Quels sont les rôles et les responsabilités des enfants au Japon ?

Pour Aoki, ses parents et ses maîtres sont des personnes importantes car ils la guident.

Toi, qui t'aide à devenir plus responsable ? De quelle façon ?

Description p. 99

# Des différences

Le Québec fait partie d'un pays où les droits des enfants doivent être respectés. Malheureusement, au Québec comme ailleurs, ces droits ne sont pas toujours respectés.

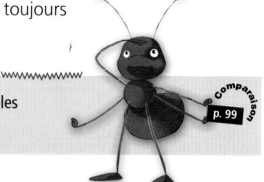

Crois-tu que les rôles et les responsabilités des enfants au Québec sont semblables ou différents de ceux de Tomasino, Kiran ou Aoki ?

*Comparaison p. 99*

## En quelques mots...

Selon la Convention internationale des droits de l'enfant, tous les enfants devraient avoir les mêmes droits. Ils ont aussi des responsabilités et des devoirs. Ces responsabilités peuvent être différentes selon l'endroit où ils vivent, et selon les valeurs et les croyances véhiculées dans leur famille.

## À ton tour

Prépare-toi à répondre à la question posée par Unik.

– Fais-toi une opinion sur le sujet proposé.

– Pense à deux raisons que tu pourrais utiliser pour appuyer ton opinion.

Discute de ton opinion avec le groupe.

## Question de point de vue !

p. 101

« Moi, je préfère aider mes parents à cuisiner plutôt que d'aller promener le chien. » Éva

• Dans ses propos, Éva fait un jugement de préférence.

Quelles questions poserais-tu à Éva pour connaître les raisons de ses préférences ? Est-ce que les choix préférés de Éva peuvent toujours être faits en premier ?

# La planète bleue

Le lac Chungara, avec le reflet du volcan Parinacota, au Chili.

Le réservoir Manicouagan, au Québec.

Une floraison au pied du mont Fuji, au Japon.

La planète Terre.

La vallée Ferret, en Suisse.

Nous vivons sur une magnifique planète. Vue de l'espace, la Terre est bleue car la plus grande partie de sa surface est recouverte par les océans. Pour les croyants de diverses religions, la planète est l'œuvre de Dieu. Dans ce module, tu découvriras différentes façons qu'ont les croyants de se représenter la création de la Terre.

# Des mots et des expressions

Aujourd'hui, c'est congé. Dehors, la tempête fait rage, alors Laurent joue dans sa chambre. Il est content d'avoir un peu de temps pour s'amuser.

Sa mère frappe à la porte et entre. Elle lui dit :

– Laurent, j'aimerais que tu mettes un peu d'ordre dans ta chambre. Peux-tu classer tes jouets, accrocher tes vêtements propres dans ta garde-robe et faire ton lit ?

Devant la mine boudeuse de son fils, la mère de Laurent s'exclame :

– Est-ce que tu trouves si pénible de ranger ta chambre ? Si tu as besoin d'aide, je peux te donner un petit coup de main.

– Mais non, maman, je vais me débrouiller. Je te remercie, répond Laurent.

Laurent se met donc au travail. Une heure plus tard, il a terminé le ménage de sa chambre. Tout content, il demande à sa mère de venir constater le résultat. En entrant, elle s'exclame :

– Oh! Mon Dieu ! Tout est si propre ici !

Laurent répond :

– Oui, j'ai tout rangé et j'ai même épousseté. Mais dis-moi, maman, pourquoi parles-tu à Dieu ?

## Les infos de Fil

**Pourquoi retrouve-t-on des expressions liées à la religion chrétienne dans notre langage d'aujourd'hui ?**

Depuis plusieurs siècles, la religion chrétienne est la religion la plus pratiquée au Québec. Autrefois, les Québécois étaient très pratiquants et ils utilisaient de nombreuses expressions liées à la religion. Aujourd'hui, certaines de ces expressions sont encore utilisées.

– À Dieu ? Ah, je comprends. L'expression « Mon Dieu » que j'ai utilisée sert à montrer la surprise que j'ai eue en voyant ta chambre si ordonnée. Mais, je n'étais pas en train de parler à Dieu et je ne parlais pas de religion non plus. On dit parfois « Mon Dieu » dans le langage courant lorsqu'on est étonné, surpris ou stupéfait. Cette expression nous vient de la religion chrétienne.

– Maman, est-ce que les croyants des autres religions donnent tous le même nom à Dieu ?

– Non. Quand ils s'adressent à Dieu, les chrétiens l'appellent « Dieu » ou encore « Seigneur ». Les musulmans disent le mot arabe « Allah », qui veut dire simplement, « Dieu » alors que les juifs l'appellent parfois « A-do-naï », qui signifie « mon Seigneur ».

Savais-tu que, dans la plupart des religions, on croit que Dieu est le Créateur de l'Univers et qu'Il existait avant toute chose ? Cependant, il y a plusieurs récits de la création du monde. Est-ce que tu veux que je te les raconte ?

– Bonne idée ! dit Laurent.

■ Connais-tu la signification d'autres expressions langagières  liées à l'une ou l'autre religion ?

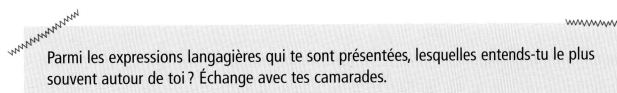

Parmi les expressions langagières qui te sont présentées, lesquelles entends-tu le plus souvent autour de toi ? Échange avec tes camarades.

Conversation  p. 95

# Les merveilles de la nature

La protection de la planète est devenue une réelle préoccupation car les gens ont compris que la vie des êtres vivants en dépend.

Pour les personnes qui croient en Dieu, la protection de l'environnement, c'est aussi le respect de ce que Dieu a créé. Selon leurs croyances, Dieu est le Créateur de l'Univers, de notre planète et de tous les êtres vivants qui y habitent. Plusieurs récits de la Création sont racontés dans la Bible hébraïque (également appelée l'Ancien Testament par les chrétiens). Ce récit est aussi raconté dans le Coran, le livre sacré des musulmans.

## Les infos de Fil

**Est-ce que les chrétiens, les juifs et les musulmans rejettent les explications scientifiques sur l'origine de la Terre ?**

La très grande majorité des chrétiens, des juifs et des musulmans acceptent les explications scientifiques sur l'origine du monde. Pour eux, les théories scientifiques expliquent comment s'est formée la planète Terre, alors que les récits de la Création sont des textes qui illustrent que Dieu est le maître de la Terre et de l'Univers. Par contre, certains croyants rejettent les connaissances scientifiques expliquant la formation de la Terre. Ils optent plutôt pour une lecture littérale de la Bible, qui raconte que la Terre a été créée en sept jours.

# Le récit de la Création

Au commencement, Dieu créa le ciel et la Terre. La Terre était vide.
Il faisait noir partout. L'esprit de Dieu planait sur les eaux.
Dieu dit : « Que la lumière soit ! » Et la lumière fut.
Dieu appela la lumière *Jour* et les ténèbres *Nuit*.
Ainsi, il y eut un premier matin.
Ce fut le premier jour.

Dieu dit : « Qu'il y ait un ciel au-dessus des eaux ».
Ainsi, il y eut un soir et il y eut un matin.
Ce fut le deuxième jour.

Dieu dit : « Que les eaux se rassemblent et que les continents apparaissent ».
Et il en fut ainsi. Dieu nomma les continents *Terre*
et il nomma les eaux *Mer*.
Puis Dieu dit : « Que la terre produise de l'herbe, des plantes et des arbres fruitiers ».
Il en fut ainsi et Dieu vit que tout cela était bon.
Ce fut le troisième jour.

Dieu créa ensuite le Soleil, la Lune et les étoiles.
Ce fut le quatrième jour.

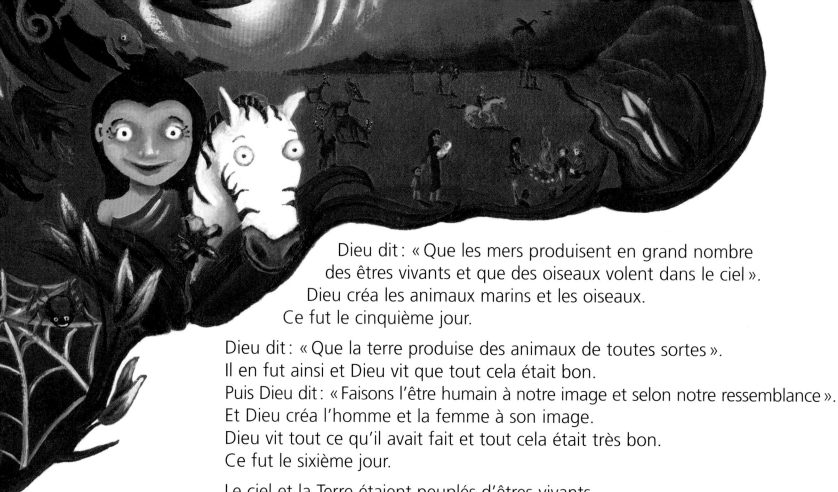

Dieu dit : « Que les mers produisent en grand nombre
des êtres vivants et que des oiseaux volent dans le ciel ».
Dieu créa les animaux marins et les oiseaux.
Ce fut le cinquième jour.

Dieu dit : « Que la terre produise des animaux de toutes sortes ».
Il en fut ainsi et Dieu vit que tout cela était bon.
Puis Dieu dit : « Faisons l'être humain à notre image et selon notre ressemblance ».
Et Dieu créa l'homme et la femme à son image.
Dieu vit tout ce qu'il avait fait et tout cela était très bon.
Ce fut le sixième jour.

Le ciel et la Terre étaient peuplés d'êtres vivants.
Le septième jour, Dieu avait achevé l'œuvre qu'il avait créée et il se reposa.

Adaptation de *La Bible illustrée pour garçons et filles*, Éditions Deux coqs d'or, © 1968.

■ **Comment les chrétiens, les juifs et les musulmans voient-ils
la Terre ? Que retiens-tu du récit de la Création ?**

Dans le récit de la Création des chrétiens, des juifs et des musulmans, il est dit que Dieu
avait achevé son œuvre le septième jour.

À quel jour de la semaine est associé le septième jour chez les chrétiens ? chez les juifs ?
chez les musulmans ? Nomme-les.

Comparaison
p. 99

# Enfants de la Terre

Les Amérindiens ont un immense respect pour notre belle planète. Comme la plupart considèrent qu'elle est la mère de toute vie, ils la nomment *Notre Mère la Terre*. Ainsi, pour eux, tous les éléments qui composent la nature sont égaux, comme des frères et des sœurs faisant partie d'une même famille : humains, animaux, plantes, air, eau, feu, etc.

Les Amérindiens représentent d'ailleurs cette façon de voir le monde à l'aide d'un symbole : le cercle sacré. Le cercle est, pour eux, la forme qui correspond le mieux à la nature. En effet, la Terre, la Lune et le Soleil sont de forme ronde. La Lune décrit un cercle autour de la Terre. Les saisons forment un grand cercle en se suivant toujours dans le même ordre. La vie humaine est un cercle menant de l'enfance à l'enfance : on naît, on grandit, on devient adulte, puis on a des enfants à notre tour.

## Les infos de Fil

**Que représentent les points cardinaux sur le cercle sacré ?**

Les quatre points cardinaux sur le cercle sacré symbolisent des grandes forces que chaque Amérindien ou Amérindienne doit tenter de développer au cours de sa vie. Le nord représente la sagesse et le courage ; le sud, la confiance ; l'ouest, la bonne connaissance de soi ; et l'est, la réflexion.

Selon certains peuples amérindiens, une femme esprit serait à l'origine de notre monde. Voici l'histoire qu'ils racontent depuis des générations, et qui décrit comment le monde a été créé.

## La légende d'Aataentsic

Il y a très longtemps, le monde était une vaste étendue d'eau, et un peuple habitait le ciel. Un jour, une jeune femme tomba dans un trou à travers les nuages. Elle s'appelait Aataentsic, ce qui signifie « celle de toute sagesse ». Des oies sauvages la secoururent en la prenant sur leurs ailes.

Le chef des animaux, la Grande Tortue, proposa aux oies de la déposer sur son dos. Puis, elle demanda aux animaux aquatiques d'aller chercher de la terre au fond de l'eau. Tour à tour, la loutre, le rat musqué et le castor plongèrent, mais aucun d'eux n'arriva à accomplir la mission qui leur était confiée. C'est la femelle crapaud qui réussit : elle trouva au fond de l'eau de la terre laissée entre les racines de l'arbre tombé en même temps qu'Aataentsic.

Avec cette boue, une petite tortue recouvrit la carapace de la Grande Tortue, formant ainsi un continent. Aataentsic y planta des graines de maïs, de haricots, de courge et de tabac qu'elle avait apportées du monde céleste. C'est ainsi qu'Aataentsic, notre grand-mère à tous, commença à préparer la venue de tous les êtres humains qui allaient habiter la Terre.

■ Comment les Amérindiens voient-ils la Terre ? Que retiens-tu de la légende d'Aataentsic ?

Les deux textes que tu as lus présentent une version différente de l'origine de la Terre.

Qu'est-ce qui les distingue ? Compare-les, puis trouve une ressemblance et une différence entre les deux.

Comparaison p. 99

La planète Terre regorge de ressources que les êtres humains utilisent pour combler leurs besoins. Souvent on les gaspille et cela entraîne la pollution. Cependant, de nombreuses personnes ont à cœur de protéger la planète pour les générations à venir. Parmi ces gens, on retrouve des croyants : des chrétiens, des juifs, des Amérindiens, etc. Ils voient la Terre comme une création divine qui mérite qu'on la protège.

## À ton tour

Dans une revue, dans un journal ou sur un site Internet, trouve une photo représentant un élément de la nature présent dans des récits de l'origine du monde : eau, air, terre, feu, animal, plante, etc.

– Fais le lien entre les récits de la Création et ta photo afin d'expliquer que cet élément représente l'origine du monde pour les chrétiens, les juifs et les musulmans.

– Fais le lien entre le symbole du cercle sacré ou le récit d'Aataentsic et ta photo afin d'expliquer comment cet élément représente l'origine du monde pour les Amérindiens qui adhèrent à leurs croyances ancestrales.

## Question de point de vue!

« J'ai vu trois élèves jeter des déchets par terre dans la cour de l'école. Tous les enfants sont des pollueurs. »   Monsieur Beaupré

• Dans ses propos, monsieur Beaupré fait une généralisation abusive, car il tire une conclusion qui n'est pas valable.

Pourquoi sa conclusion n'est-elle pas valable ?

p. 102

# Agir pour mieux s'entendre

Vivre avec les autres est parfois exigeant. Dans ce module, tu prendras conscience qu'il y a des comportements, des attitudes et des actions qui peuvent nuire à la vie de groupe. Tu réfléchiras aux façons dont tu peux réagir dans des situations de conflit.

# Des gestes regrettables

Aujourd'hui, c'est le grand départ. Après des semaines de préparatifs, les élèves de troisième année partent pour un séjour à la ferme. Dans l'autobus qui les amène jusque-là, les élèves sont excités. Depuis une heure, Zakary et ses amis s'amusent à envoyer la main aux camionneurs qui leur répondent d'un coup de klaxon.

Au cours d'un virage un peu serré, Zakary se retrouve par-dessus son compagnon Thomas. Ce dernier réagit en donnant un coup de coude sur l'épaule de Zakary. Même s'il a eu un peu mal, Zakary ne le dit pas, car il croit que Thomas a fait ce geste pour rigoler.

Au loin, on aperçoit le toit rouge de la grange. Geneviève, l'enseignante, annonce qu'ils arrivent enfin. Dans l'autobus, le ton monte et les élèves sont excités car ils ont hâte de visiter la ferme.

– Poussez-vous ! Je veux être le premier à sortir de l'autobus ! crie Thomas en bousculant Émilie et Julianne.

Dans sa hâte, Thomas pousse Émilie qui tombe à la renverse.
Il remarque que Julianne a échappé son journal intime
par terre pendant la bousculade et décide de le piétiner,
parce qu'il trouve qu'elle a un drôle d'air avec ses
nouvelles lunettes.

Zakary est furieux. Ce n'est pas la première fois qu'il
voit Thomas avoir des comportements intimidants.
S'il ne se retenait pas, il lui crierait des bêtises. Mais il
sait que ce n'est pas la bonne solution. Il prend plutôt
une grande respiration et compte jusqu'à cinq en
réfléchissant à ce qu'il va dire, comme Geneviève
le leur a enseigné.

– Thomas, je trouve que tu manques parfois de respect envers les personnes autour
de toi. Tu m'as fait mal tout à l'heure lorsque tu m'as donné un coup de coude
dans l'autobus. Ce n'était pas gentil de ta part.

– Oui mais…, dit Thomas.

– Laisse-moi terminer ce que j'ai à te dire, Thomas. Quand tu te dépêchais pour sortir en premier de l'autobus, tu as fait tomber Émilie et tu as tout sali le journal de Julianne. Pourquoi t'en prends-tu toujours à Julianne ? Elle ne t'a rien fait.

Thomas n'aime pas être pris en défaut ni être confronté. Comme les élèves ont souvent peur de l'affronter, il est étonné que Zakary lui parle de cette façon. Mais Thomas a écouté et il a constaté que le message était clair et respectueux. Il a même compris ce que Zakary a pu ressentir en recevant le coup de coude. Il avoue à Zakary :

– Je suis désolé de t'avoir frappé. J'ai souvent de la difficulté à me contrôler. Je vais m'excuser auprès d'Émilie et de Julianne. Je trouverai une façon de réparer le journal que j'ai piétiné.

Zakary tend la main à Thomas pour lui faire comprendre qu'il est satisfait de la façon dont ils ont discuté. Geneviève les félicite, car elle trouve qu'ils ont agi avec beaucoup de respect. Elle le mentionnera lors du prochain conseil de classe. Leur séjour commence sur une bonne note.

■ Thomas a eu des gestes d'intimidation. Qu'est-ce qu'un comportement intimidant pour toi ?

Il arrive qu'on dénigre, qu'on ridiculise ou qu'on ignore une personne parce qu'elle est différente. Pourtant, nous sommes tous différents.

Serait-il préférable que nous soyons tous les mêmes ? Pourquoi ?

Comparaison
p. 99

# Réagir aux conflits

Vivre avec les autres, c'est rencontrer des gens qui pensent et agissent autrement que nous. Ces différences peuvent parfois entraîner des situations de conflit et amener les gens à ressentir de la colère ou de la frustration. Pour vivre en harmonie, il faut se parler et régler les conflits. Voici l'histoire d'Édouard et d'Audrey, qui n'ont pas réussi à régler leur désaccord.

Édouard avait tellement de plaisir à jouer qu'il a lancé le ballon plus fort qu'il ne le voulait. Le ballon a cogné le bras d'Audrey, qui s'est mise à pleurer.

Édouard lui a dit : « Tu es une fille et les filles sont pleurnicheuses ! » Audrey, encore plus fâchée, lui a répondu : « Tu fais exprès pour me faire mal. Je ne veux plus jouer avec toi ! »

Avec colère, Édouard lui a répondu : « Ça m'est égal. De toute façon, je n'aime pas jouer avec les filles. Ce sont toutes des bébés ! » Depuis cet incident, Édouard et Audrey sont en conflit.

Un conflit peut être aussi petit qu'une dispute ou aussi gros qu'une guerre. Un conflit peut arriver lorsque certaines règles favorisant la bonne entente ne sont pas respectées, comme se comporter de façon polie, écouter et comprendre les autres. Un conflit non réglé peut s'aggraver. Il est donc important de savoir bien réagir dans des situations de conflit.

## Des façons de réagir différentes

Il y a plusieurs façons de faire comprendre à une personne qu'on est en désaccord avec elle. On peut, par exemple, s'en aller, se fâcher, exprimer ses sentiments, prendre un temps de réflexion ou négocier. On dit que deux personnes négocient lorsqu'elles essaient de trouver ensemble un compromis pour arriver à une entente. Quand on est en colère, il est donc bon de s'arrêter et de réfléchir pour éviter de faire des gestes regrettables.

« Je m'en vais sans rien faire, même quand on me traite de manière injuste. » Stéphanie

« Lorsque je suis en colère, j'ai envie de crier, de dire des bêtises, de frapper ou de pleurer. » Éric

« J'essaie de dire comment je me sens de manière respectueuse et sans faire de peine à personne. » Marie

« Pour m'aider à me calmer, je prends une grande respiration, je compte jusqu'à cinq et je me demande ce que je peux faire ou dire. J'essaie de trouver des solutions qui ne blessent personne. » Julie

« L'autre jour, j'ai eu une dispute avec ma sœur. Pour régler notre problème, on a négocié. À tour de rôle, on a dit ce que l'on souhaitait et on a expliqué pourquoi on le voulait. On a décrit comment on se sentait. Finalement, on a trouvé une solution ensemble et la bonne entente est revenue. » Nicolas

■ De quelle façon Édouard et Audrey auraient-ils pu agir pour régler leur conflit dans la cour d'école ?

Parfois, on vit des conflits. La colère et la frustration sont des sentiments que l'on peut ressentir.

De quelle façon règles-tu tes conflits en classe ? dans la cour d'école ?

synthèse
p. 100

# Résister à l'intimidation

Est-ce que tu connais la méchante sorcière dans le *Magicien d'Oz*, une histoire écrite par Lyman Frank Baum, en 1900 ? On y raconte l'aventure de Dorothée, qui doit se rendre à la cité d'Émeraude afin de demander au magicien d'Oz de rentrer chez elle. Or, une méchante sorcière tente de l'empêcher de se rendre à destination en l'effrayant, et même en lui faisant du mal. Dorothée réussit malgré tout à revenir chez elle.

Dans cette histoire, Dorothée est victime d'intimidation de la part de la sorcière. Il s'agit, bien sûr, d'un personnage fictif, mais dans la réalité, certaines personnes agissent par intimidation. Ce type de comportement ne favorise pas l'harmonie ni la bonne entente.

## Comment reconnaître des gestes d'intimidation ?

L'intimidation peut prendre différentes formes. Faire de l'intimidation, c'est pousser, frapper, dire des injures, menacer, répandre des rumeurs, révéler des renseignements personnels, détruire des choses qui appartiennent à d'autres. C'est une forme de menace, de pression ou d'insulte qui blesse les gens et les trouble, et qui revient fréquemment.

Les personnes intimidantes ne portent pas d'étiquettes. Il peut s'agir de filles ou de garçons. Elles peuvent avoir de bonnes notes ou non, avoir beaucoup d'amis ou non. Elles ont toutefois un point commun : elles s'en prennent souvent à des personnes qui n'osent pas se défendre ou s'affirmer, ou à des personnes seules. Les gens qui font de l'intimidation aiment avoir le pouvoir ou un certain contrôle sur les autres.

## Comment réagir devant l'intimidation ?

Que faut-il faire lorsqu'on est victime d'intimidation ? On a alors trois choix : s'affirmer et résister, ne rien faire et subir, ou encore s'en aller et demander de l'aide.

**«** Lorsqu'un grand se moque de moi dans la cour d'école, je reste calme et je garde la tête haute. Je lui demande d'arrêter car je n'aime pas qu'on se moque de moi. **»** Maël

**«** Les amis de mon cousin voulaient que je prenne des bonbons au dépanneur sans les payer. Comme je n'étais pas d'accord et que je ne voulais pas être en conflit avec eux, j'ai décidé de m'en aller. Ça m'a demandé beaucoup de courage. **»** Malory

**«** L'autre jour, Martin et ses amis m'ont encore menacée parce qu'ils voulaient ma boîte à lunch. Je suis tannée de ça. J'en ai parlé avec mon enseignante et lui ai demandé de l'aide. **»** Macha

Il n'y a pas une façon meilleure qu'une autre de réagir devant un comportement intimidant. Ce qui importe, c'est de faire cesser ce comportement et d'en parler.

■ L'intimidation est un problème pour lequel il existe des solutions. Toi, as-tu déjà été victime ou témoin de ce type de comportement ? Quelles solutions avaient été trouvées ?

Il y a plusieurs types de conflits.

Quelles différences y a-t-il entre une dispute et de l'intimidation ?

Comparaison  p. 99

# Des comportements à revoir

Parfois, de petits gestes qu'on croit anodins peuvent mener à un conflit. Taquiner un élève parce que son manteau est trop petit, emprunter un crayon à une camarade sans lui demander la permission ou détruire un fort de neige qu'on n'a pas construit en sont des exemples. Après coup, quand on réfléchit à ce qu'on a fait, on aimerait pouvoir revenir en arrière et adopter un comportement plus approprié.

## En quelques mots...

Quand un conflit survient, il est souhaitable d'en découvrir la cause et de trouver un moyen pour le régler.

Il est également important de reconnaître les gestes intimidants et de savoir réagir de la façon appropriée.

## À ton tour

Imagine que tu as le pouvoir de modifier certains comportements pour éviter une situation de conflit. Avec des camarades, prépare une saynète en deux temps où il est question de conflit ou d'intimidation. Présente la saynète.

– Dans un cas, le comportement d'un personnage entraînerait le conflit.

– Dans l'autre cas, le comportement du même personnage serait tout autre et la situation de conflit serait évitée.

## Question de point de vue!

p. 101

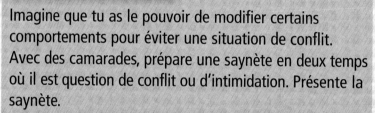

« Taquiner et intimider sont deux comportements différents. Taquiner, c'est agacer quelqu'un par de petites moqueries sans gravité, tandis qu'intimider, c'est lui inspirer de la crainte. Il faut interdire l'intimidation dans notre école ! »     Madame la directrice

• En interdisant l'intimidation, madame la directrice fait un jugement de prescription.

Pour quelles raisons madame la directrice veut-elle interdire l'intimidation ?
À ton avis, son interdiction a-t-elle des chances d'être respectée ?

# Pour ne jamais oublier

Anne Frank.

Le calvaire de Saint-Joseph-de-la-Pointe-de-Lévy.

La chapelle de Sainte-Anne-de-Neuville.

Les noms de villes détruites durant la Shoah.

La statue Notre-Dame-du-Saguenay.

Le pow-wow de Kanesatake, à Oka.

Dans ce module, tu découvriras l'origine et la signification de certains monuments et bâtiments du territoire québécois. Tu découvriras aussi qu'il y a des traces encore visibles d'événements passés et quelques coutumes religieuses d'autrefois qui sont encore pratiquées aujourd'hui.

# De sombres souvenirs

En ce dimanche après-midi, Albert consulte un livre de sciences à la bibliothèque municipale. Il prend des notes pour son projet à l'école. Il a choisi son sujet : le laser. Son père, qui est médecin, lui a parlé des utilisations possibles du laser en médecine. Depuis, Albert est fasciné par le sujet.

Son grand frère, Nathan, est à l'ordinateur, en train de naviguer sur Internet. Il aide Albert à trouver de l'information pour sa recherche.

– Nathan, savais-tu que le scientifique à l'origine de l'invention du laser avait le même prénom que moi ? Il s'appelle Albert Einstein.

– Ah ! Intéressant, répond Nathan. Tu viens ? On va passer au comptoir de prêt.

– D'accord. J'ai pris des bandes dessinées et deux livres sur le laser, dit Albert. Et toi, quels livres as-tu choisis ?

– Moi, j'ai choisi un livre qui raconte une histoire vécue, répond Nathan. Il a été écrit par une fille de mon âge, il y a longtemps. En fait, c'est son journal personnel. Ça s'appelle *Le journal d'Anne Frank*.

– De quoi parle cette histoire, exactement ?

– En fait, Anne Frank a vécu en Europe, vers 1940. De religion juive, elle et sa famille ont connu des épreuves très difficiles pendant la Seconde Guerre mondiale. Cela s'appelle la « **Shoah** », ce qui veut dire « catastrophe » en hébreu.

Pendant cette guerre, les Juifs d'Europe étaient arrêtés, puis emprisonnés dans des camps de concentration par les soldats **nazis**. La plupart des Juifs emprisonnés mouraient de faim, de mauvais traitements ou étaient tués. Plusieurs pays, dont le Canada, se sont unis pour faire la guerre aux nazis. Hélas, des millions de Juifs avaient déjà été exterminés.

**Shoah :**
Extermination des Juifs d'Europe par l'Allemagne nazie durant la Seconde Guerre mondiale.

**Nazi :**
Qui appartient à un parti politique raciste, apparu en Allemagne en 1919, qui avait pour but de supprimer le peuple juif.

*Anne Frank.*

Albert est bouleversé. Il trouve injuste et révoltant que des gens soient victimes de violence à cause de leur religion. Il interroge son frère pour essayer de comprendre.

– Je ne connais pas toutes les réponses à tes questions ! Viens, nous allons en parler avec papa et maman, dit Nathan.

Les deux garçons vont donc retrouver leurs parents, qui lisent des journaux dans une autre partie de la bibliothèque. Leur mère leur propose d'aller visiter le musée de l'**Holocauste**, où l'on peut en apprendre davantage sur ce qui s'est passé pendant la Seconde Guerre mondiale.

*Les noms de 5000 villes abritant des communautés juives existant avant la guerre et détruites durant la Shoah.*

Le père d'Albert explique que le gouvernement du Québec a rendu hommage aux soldats du Canada morts lors de la Seconde Guerre mondiale (1939-1945). En effet, en 2005, l'année du soixantième anniversaire de la fin de cette guerre, on a nommé une partie de l'autoroute 20 « Autoroute du Souvenir », afin de souligner le courage de ces soldats.

> **Holocauste :**
> Élimination des Juifs par les nazis.

■ **La Seconde Guerre mondiale a laissé des traces visibles. Quelles traces peux-tu relever dans le texte (document, monument, édifice, etc.) ?**

*La Tombe du soldat inconnu, à Ottawa.*

Durant la Seconde Guerre mondiale et durant les autres conflits auxquels le Canada a participé, 27 000 soldats canadiens sont morts sans que l'on retrouve leur corps ou que l'on puisse les identifier. Au printemps 2000, le gouvernement canadien a fait ériger un monument pour leur rendre hommage : la Tombe du soldat inconnu, à Ottawa.

Au calendrier, on a fixé une date pour se rappeler ces soldats : le 11 novembre.

Comment appelle-t-on cette journée ? Trouve son nom.

Description p. 99

# Des monuments en héritage

La croix est un symbole important de la religion chrétienne. Elle rappelle que Jésus est mort sur une croix.

Divers éléments de notre environnement révèlent une partie de notre passé religieux. Au Québec, il existe de nombreux monuments catholiques parce que, depuis des siècles, c'est la religion qui y est la plus répandue. Ces monuments font partie de l'héritage que la société transmet aux générations à venir.

## Les croix de chemin

Au 17$^e$ siècle, de nombreux immigrants français catholiques sont venus s'installer en Nouvelle-France. Ces nouveaux arrivants, les colons, étaient en majorité des agriculteurs. À mesure que les colons s'établissaient, on construisait des routes. On érigeait une grande croix à l'ouverture de chaque

*Le calvaire de Saint-Joseph-de-la-Pointe-de-Lévy.*

nouveau chemin. Les colons avaient de longues journées de travail aux champs, s'étirant jusqu'au coucher du soleil. Ils allaient alors prier devant les croix de chemin, plutôt que d'aller faire leurs prières à l'église.

Il existe encore environ 3000 croix de chemin au Québec, à l'entrée de certaines villes et de certains villages. Parmi celles-ci, 25 sont considérées comme des trésors parce qu'elles sont de véritables œuvres d'art et qu'elles sont en place depuis au moins 1920.

*Une croix de chemin, érigée le long du chemin Principal, à Notre-Dame-des-Sept-Douleurs.*

## Les infos de Fil

**Comment protège-t-on les monuments historiques au Québec?**

Au Québec, il existe un organisme chargé de veiller à la conservation des monuments historiques. La Commission des biens culturels du Québec a comme rôle, entre autres, de s'assurer que l'on conserve l'apparence d'origine d'un monument lors de travaux de restauration.

# Des statues

Au Québec, les catholiques ont également fait construire des statues. Leurs lieux de culte, les églises, en sont ornés. On peut aussi en retrouver à l'extérieur, au cœur d'un village ou en pleine nature.

## Notre-Dame-du-Saguenay

Un hiver de 1878, un commis voyageur devait traverser la rivière Saguenay. Sous son poids, la glace s'est brisée et il est tombé à l'eau. N'arrivant pas à sortir de l'eau, il a prié Marie, la mère de Jésus, de le sauver. Il a alors réussi à regagner la terre ferme. Pour lui, il s'agissait d'un miracle. Pour remercier Marie, il a fait construire une statue en son honneur.

*La statue Notre-Dame-du-Saguenay, réalisée par Louis Jobin (1845-1928), sur le cap Trinité.*

### Saint Georges terrassant le dragon

En 1912, la paroisse de Saint-Georges-Ouest, en Beauce, a fait ériger un monument en l'honneur de son **saint patron**, saint Georges, un prince chrétien qui a vécu en l'an 303 et qui a été **martyrisé**. Selon la légende, il aurait libéré une ville en combattant un dragon.

*La statue de saint Georges terrassant le dragon, réalisée par Louis Jobin, a été déménagée à l'intérieur de l'église. À l'extérieur, on peut en voir une reproduction.*

**Saint patron :** Saint ou sainte à qui une église est dédiée.

**Martyriser :** Torturer, faire souffrir.

■ Y a-t-il un monument (statue, sculpture) près de chez toi ? Que représente-t-il ?

Au Québec, plusieurs monuments rappellent des événements importants ou des personnages historiques. D'autres évoquent simplement la vision du monde d'un artiste.

À quoi servent les monuments ? Explique ton point de vue.

*Les clochards célestes, statue réalisée par Pierreyves Angers en 1983.*

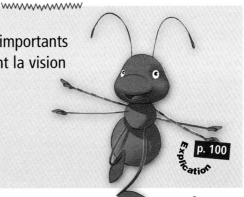

Explication p. 100

# Des traditions vivantes

Notre environnement contient plusieurs traces de notre passé religieux. Ces traces peuvent être figées dans la pierre ou le bois, comme des monuments ou des statues, mais elles peuvent aussi être bien vivantes. En effet, il arrive que des gens d'une même religion se réunissent en grand nombre dans les rues pour commémorer un événement, pour fêter ou pour prier.

## La marche du chemin de croix

Pendant la semaine sainte, plusieurs catholiques assistent à des célébrations à l'église. Pour se rappeler les derniers moments de la vie de Jésus, certains se regroupent aussi pour la marche du chemin de croix. À l'aide de textes du Nouveau Testament, le prêtre raconte la marche que Jésus a dû faire en portant sa croix, avant d'y être attaché et d'y mourir : l'histoire de la Passion.

Autrefois, au Québec, une grande majorité de catholiques faisaient la marche du chemin de croix. Même si cette coutume est moins répandue de nos jours, elle est encore pratiquée. À Jérusalem, ville où Jésus est mort il y a près de 2000 ans, des milliers de **pèlerins** vont encore, chaque année au temps de Pâques, faire le chemin de croix.

**Pèlerin :**
Personne qui fait un voyage dans un lieu saint pour aller prier.

*Des chrétiens faisant le chemin de croix, à Jérusalem.*

# La procession au flambeau

La procession au flambeau était une autre pratique très
populaire autrefois au Québec. Le soir, les gens de la paroisse
se réunissaient, un lampion en main, et marchaient dans les rues
de la ville ou du village, en l'honneur d'un saint ou d'une sainte.
Tout au long du chemin, on priait pour faire des demandes
particulières au saint célébré. La procession se déroulait
dans une atmosphère de calme et de recueillement.
Comme la marche était longue, la procession comportait
des arrêts à différents endroits. Ainsi, beaucoup de villages
construisaient une chapelle à moins d'un kilomètre de l'église.
On pouvait entrer s'y reposer un peu avant de continuer la procession.

Même si ce genre de procession au flambeau est moins fréquent de nos jours,
plusieurs catholiques ont à cœur de perpétuer cette tradition. Dans certaines paroisses,
on organise des processions au flambeau les samedis soirs d'été. Une des plus
populaires encore aujourd'hui est une procession dédiée à sainte Anne, considérée par
les catholiques et les orthodoxes comme la grand-mère de Jésus. Une grande partie
des gens qui y participent demandent à la sainte de guérir un proche gravement
malade ou d'aider un ami en difficulté.

- **Que retiens-tu de ces deux traditions catholiques: la marche
  du chemin de croix et la procession au flambeau?**

Autrefois fêtes religieuses, les processions au flambeau sont maintenant aussi adoptées
par des groupes non religieux. On se réunit pour marcher afin de commémorer un événement
malheureux, pour amasser des fonds pour une bonne cause, pour célébrer un événement
important, etc.

Il y a d'autres événements, causes ou célébrations qui amènent les gens à se réunir. Lesquels?
Nomme-les.

**Explication p. 100**

# Des rassemblements comme autrefois

Au Québec, les rassemblements sont des coutumes qui existent depuis des siècles. Les peuples autochtones, premiers habitants de notre territoire, continuent de se réunir comme le faisaient leurs ancêtres. Ces rassemblements sont pour eux des occasions de fêter et de prier.

Le pow-wow est une tradition très ancienne chez plusieurs peuples amérindiens. Avant de se rendre à un pow-wow, certains Amérindiens purifient leurs vêtements et leurs tambours avec des herbes sacrées afin d'éloigner les mauvais esprits. Habituellement, le pow-wow commence par le défilé des personnes âgées de la communauté, habillées de leurs costumes traditionnels. La musique des joueurs de tambour accompagne ce défilé. C'est l'occasion de manger des mets traditionnels comme de la **bannique** ou de l'orignal. Comme le veut la coutume, plusieurs échangent des présents. Même les non-Autochtones participent en venant, par exemple, écouter les chansons ou les récits oraux que les Amérindiens se transmettent de génération en génération.

**Bannique :** Galette, pain qui fait partie de l'alimentation de base des Amérindiens.

En été, plusieurs peuples amérindiens organisent des pow-wow qui durent une fin de semaine entière. Certains de ces rassemblements réunissent plus de 1000 personnes.

*Un plat de banniques.*

*Le pow-wow de Kanesatake, à Oka.*

## En quelques mots...

Sur l'ensemble du territoire du Québec, de nombreux monuments ou bâtiments construits autrefois ont une valeur historique, car ils nous rappellent le cheminement des gens d'ici. Les juifs ont, par exemple, créé un musée commémorant l'Holocauste. Les catholiques ont, entre autres, construit des croix de chemin, des statues et des églises. Les protestants et les orthodoxes ont eux aussi construit des bâtiments, dont des églises et des écoles. Certaines traditions religieuses encore vivantes aujourd'hui sont aussi les témoins de notre passé : les marches au flambeau, les marches du chemin de croix, les pow-wow.

## À ton tour

Choisis une tradition, un monument, ou un bâtiment témoin d'une tradition religieuse. Fais une recherche pour décrire la tradition religieuse à laquelle cette expression religieuse se rapporte, sa signification, sa raison d'être.

Expose ta recherche et tes découvertes à tes camarades de classe.

## Question de point de vue !

p. 101

« Je préfère vivre dans un pays en paix plutôt que dans un pays en guerre. »     Carlos

• Dans ses propos, Carlos fait un jugement de préférence.

Quelles questions poserais-tu à Carlos pour connaître les raisons de ses préférences ?

# Des trésors religieux

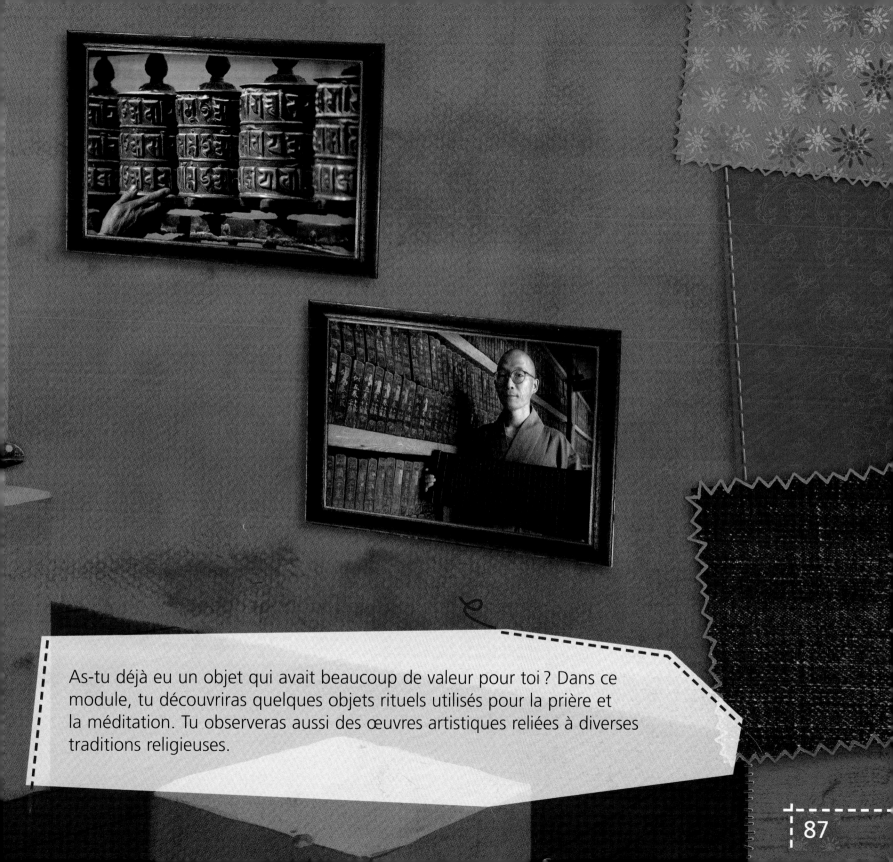

As-tu déjà eu un objet qui avait beaucoup de valeur pour toi? Dans ce module, tu découvriras quelques objets rituels utilisés pour la prière et la méditation. Tu observeras aussi des œuvres artistiques reliées à diverses traditions religieuses.

# Une visite au musée

En ce dimanche de printemps, Camille et Cédric attendent leur grand-maman Laura avec impatience. Elle leur a proposé de leur faire découvrir les musées. Ensemble, ils visiteront régulièrement de nouveaux musées et de nouvelles expositions.

– Bonjour, mes amours ! Êtes-vous prêts ? Aujourd'hui, on va découvrir Rodin, annonce leur grand-mère.

– Mais je croyais qu'on allait au musée ? demande Cédric.

– C'est au musée que tu découvriras ce grand artiste français, répond grand-maman Laura.

– Qu'est-ce qu'on va y voir ? demande Camille.

– Vous allez découvrir des œuvres d'art : des sculptures, des peintures et de beaux objets qu'on veut garder précieusement. Dans les musées, on regroupe souvent ces objets en collections, explique leur grand-mère.

– Mais d'où viennent les œuvres d'art qu'on trouve dans les musées ? demande Cédric.

– Les œuvres peuvent venir de partout. Elles sont parfois prêtées par d'autres musées ou par leurs propriétaires, qui veulent les faire découvrir à plus de gens possible, répond la grand-maman tout en conduisant.

Musée

AUGUSTE
RODIN
L'HOMME ET SON ŒUVRE

En arrivant au musée, grand-maman Laura ferme son téléphone et demande à Cédric de jeter sa pomme dans une poubelle près de l'entrée. Elle dirige ensuite ses petits-enfants vers la première salle d'exposition.

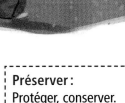

– Voici une sculpture en bronze qu'on appelle *Le Penseur*. C'est la reproduction d'une œuvre que Rodin a créée, il y a plus de 100 ans.

– Que représente cette sculpture ? demande Camille.

– Elle représente un homme en train de méditer et qui semble devoir faire un choix, répond la grand-maman.

– J'aime beaucoup sa couleur un peu brillante, ajoute Cédric, en s'approchant pour toucher la sculpture.

Grand-mère Laura rappelle à son petit-fils une des règles en vigueur au musée.

– Cédric, je sais que tu ne souhaites pas endommager cette sculpture. Dans un musée, il est préférable de ne pas toucher aux œuvres d'art. Cela permet de mieux les **préserver**, lui explique sa grand-mère.

> **Préserver :**
> Protéger, conserver.

Cédric arrête son geste et retire sa main, car il comprend la raison de cette règle et est d'accord avec sa raison d'être.

– Je trouve que Rodin avait beaucoup de talent. Je suis content de faire cette découverte avec toi, grand-maman, dit Cédric.

■ **Quelles sont les règles en vigueur lorsqu'on visite un musée ?**

Cédric, Camille et leur grand-mère ont respecté quelques règles lors de leur visite au musée.

Pourquoi existe-t-il des règles dans les musées ?

Crois-tu qu'il est important de les respecter ? Pourquoi ?

Explication p. 100

# Des objets rituels

Pour les catholiques et les orthodoxes, les saints sont des personnes qui ont eu une vie religieuse exemplaire.

Dans toutes les religions, on trouve des objets rituels, c'est-à-dire des objets et des symboles liés à une pratique religieuse, comme la prière ou la méditation. Ces objets sont considérés, par les personnes croyantes, comme sacrés ou dignes de respect.

La galerie chrétienne

*Un chapelet.*

*Une croix.*

*Une bible.*

*Un recueil de prières.*

*La Nativité.*

Dans leurs prières, les chrétiens s'adressent à Dieu le Père ou à son Fils Jésus pour le remercier, lui demander pardon ou lui demander conseil. Ils le font en utilisant leurs propres mots et gestes ou en récitant une prière lue ou apprise par cœur. Dans la Bible ou dans un **missel**, on trouve le *Notre Père*. C'est la prière chrétienne que Jésus a enseignée à ses disciples pour leur montrer à prier. Certains, comme les catholiques et les orthodoxes, utilisent le **chapelet** pour réciter des prières.

Une danse amérindienne.

Un hochet de prière.

Un tambour.

Un calice.

Certains Autochtones qui vivent selon leurs croyances ancestrales pensent que les éléments de la nature sont animés par un esprit. Le chant et la danse sont pour eux des moyens de communiquer avec ces esprits et de remercier la Terre pour toutes ses ressources. Ils aiment manifester leur joie par la musique et par la danse.

Dans certaines communautés, le chaman, leur guide spirituel, utilise des instruments de musique ornés de **pictogrammes** pour guérir les malades. Le hochet de prière sert à invoquer l'esprit de la vie. On chante en cercle autour du tambour, un objet rituel représentant la Terre. Les battements du tambour permettent au chaman de communiquer avec le monde des esprits.

**Missel :**
Livre qui contient les chants, les prières, les lectures et les gestes nécessaires aux célébrations catholiques et orthodoxes.

**Chapelet :**
Collier à grains, chacun correspondant à une prière, qu'on fait glisser entre les doigts pendant la prière.

**Pictogramme :**
Petit dessin symbolique utilisé par les Autochtones en guise d'écriture.

p. 99

Les bouddhistes consultent le *Tripitaka*, un ensemble de textes présentant les règles à suivre pour respecter les enseignements du Bouddha, qui **prône** une vie sans violence.

Les bouddhistes pratiquent la méditation. Pour ce faire, ils récitent un **mantra** en écoutant le ton de leur voix qui monte et qui descend. Cet exercice est une forme de prière qui les aide à mieux se concentrer. Le chapelet leur sert à compter le nombre de fois qu'ils ont répété le mantra. Certains bouddhistes utilisent aussi un moulin à prières. Il s'agit d'un objet qui contient un rouleau de papier sur lequel on a écrit plusieurs fois le mantra sacré. En tournant, le rouleau fait tourner le mantra, et le mantra se répète.

■ À quelles traditions religieuses associes-tu les objets rituels présentés ?

**Prôner :**
Recommander, vanter les bienfaits de quelque chose.

**Mantra :**
Mot ou groupe de mots mémorisés qu'on répète surtout pendant les pratiques de méditation.

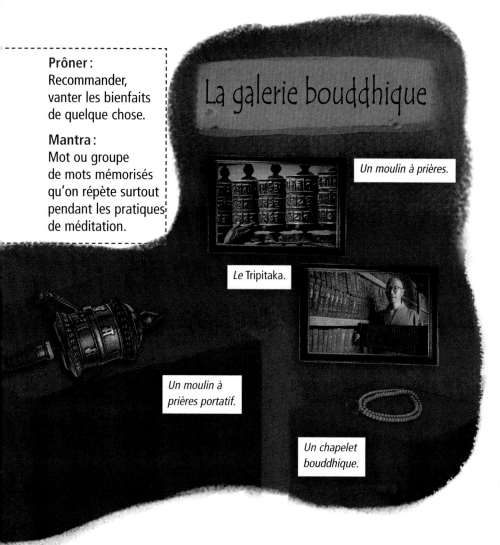

## La galerie bouddhique

*Un moulin à prières.*

*Le* Tripitaka.

*Un moulin à prières portatif.*

*Un chapelet bouddhique.*

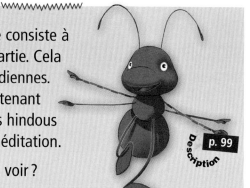

Certains bouddhistes contemplent des mandalas. L'exercice consiste à observer ces images jusqu'à avoir l'impression d'en faire partie. Cela aide les bouddhistes à libérer leur esprit des pensées quotidiennes. Le mandala est devenu un art répandu. C'est un cercle contenant une image géométrique et symbolique de l'univers pour les hindous et les bouddhistes. Les mandalas servent de support à la méditation.

As-tu déjà vu des mandalas ? Où ? Sinon, où pourrais-tu en voir ?

*Un mandala tibétain.*

# Une exposition tout en couleurs

Il existe différents types de musées : des musées d'art, de science, d'histoire, etc.
Dans chaque cas, on peut y voir des objets sur des sujets divers.

## En quelques mots...

Les objets rituels accompagnent souvent la prière et la méditation. Ces objets, qui varient d'une tradition religieuse à l'autre, sont considérés comme sacrés parce qu'ils sont liés à des pratiques religieuses. La religion a même inspiré de grandes œuvres à de nombreux artistes.

## À ton tour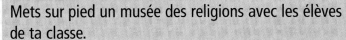

Mets sur pied un musée des religions avec les élèves de ta classe.

– En équipe, choisis une expression du religieux que tu as vue en cours d'année et pense à une façon originale de la présenter. Cette expression du religieux peut désigner un personnage, un objet, un symbole, un événement, un lieu, un nom de rue, un récit, etc.

– Compose un texte qui présente et décrit l'expression du religieux que tu as choisie en précisant à quelle tradition religieuse elle est liée.

Avec les élèves de ta classe, établis les règles à respecter dans votre musée.

## Question de point de vue!

p. 102

« Alexandre ne s'habille pas comme nous, donc nous ne le choisirons pas dans notre équipe pour notre projet sur le musée des religions. »   Suzie

• Dans ses propos, Suzie fait une attaque personnelle.

   Pourquoi est-ce une attaque personnelle ?

# La boîte de dialogue

Salut ! Je m'appelle Unik. Je vis en colonie, avec d'autres fourmis de mon espèce. Comme les pièces de tissu d'une courtepointe, nous nous ressemblons, mais nous sommes aussi bien différentes les unes des autres.

Quand j'ai des choix difficiles à faire, j'essaie d'opter pour une solution qui favorise l'harmonie au sein de la colonie et qui respecte chaque individu. Pour y arriver, j'utilise certaines règles qui aident au dialogue.

Dans une colonie, le dialogue est essentiel. On peut le comparer au fil qui assemble les pièces de tissu de la courtepointe. Le dialogue m'aide à mieux me connaître, à mieux comprendre les autres et à les respecter.

Les pages qui suivent te proposent des trucs. Utilise-les pour répondre aux questions posées en éthique (pavé vert), en culture religieuse (pavé jaune) ou dans la rubrique **Question de point de vue !**

# Des formes de dialogue

Le dialogue peut prendre différentes formes.

**1** Une **conversation**, c'est un échange entre deux ou plusieurs personnes. On y partage des idées ou des expériences qu'on a vécues.

> Érika et Maélie sont en grande conversation : elles se racontent leurs vacances d'été.

**2** Une **discussion** se déroule entre deux ou plusieurs personnes. C'est un échange organisé d'opinions ou d'idées. On écoute attentivement ces opinions ou ces idées et on tente de bien les comprendre.

> Marco, Sabrina et Antoine sont en grande discussion. Tour à tour, ils disent ce qu'ils pensent du film qu'ils viennent de voir. Ils discutent de ce qui est le plus intéressant dans le film et de ce qui est le moins réussi.

**3** Une **narration**, c'est un récit oral ou écrit d'une suite de faits ou d'événements.

> Raphaëlle raconte à Sylvianne comment elle s'est cassé le bras dans son cours de gymnastique.

**4** Une **délibération**, c'est un échange en groupe qui vise à prendre une décision commune. On réfléchit d'abord ensemble à la situation. On tente ensuite de déterminer ce qui est important et ce dont on doit tenir compte. Enfin, on évalue les conséquences des décisions proposées, puis on en choisit une.

Sarah, Louisa, Mathias et Édouard planifient une activité sportive pour la classe. Ils ont réfléchi et remarqué que chacun a des goûts différents. Ils se rappellent que Joël a une jambe cassée. Ils discutent et se mettent d'accord pour trouver une activité à laquelle toute la classe pourra participer. Ils choisissent de jouer au hockey. Ils proposeront à Joël d'être gardien de but, assis dans son fauteuil roulant.

**5** Une **entrevue** se déroule entre deux ou plusieurs personnes. On interroge une personne sur ses activités, ses idées, ses expériences, etc.

Jérémie interroge Jade sur ses plus beaux souvenirs de vacances. Elle lui parle de son expérience de camping et de son voyage de pêche en canot. Jérémie lui pose des questions pour avoir des détails.

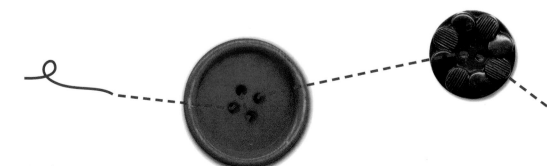

# Des règles à respecter pour un dialogue efficace

Certaines règles permettent de pratiquer le dialogue de façon efficace et respectueuse. En voici quelques-unes.

## Avant...

 **1** Pense à ce que tu pourrais dire et à ce que tu sais déjà sur le sujet. Réfléchis à tes goûts, à tes sentiments, à tes idées et à tes opinions.

 **2** Choisis les éléments importants et décide de la façon dont tu vas les présenter.

## Pendant...

 **3** Attends ton tour pour parler.

 **4** Exprime-toi clairement et calmement. Prête attention à tes gestes, aux intonations de ta voix et aux expressions de ton visage.

 **5** Assure-toi que la façon dont tu t'exprimes favorise l'harmonie et la bonne entente et qu'elle respecte chaque personne.

**6** Appuie tes propos à l'aide d'explications ou d'exemples.

 **7** Écoute attentivement lorsqu'une personne parle. Respecte ses idées et ses opinions. Prête attention à ses gestes, aux intonations de sa voix et aux expressions de son visage.

 **8** Pose des questions pour t'aider à comprendre les idées des autres.

## Après...

 **9** Compare les différentes idées. Observe ce qui crée des tensions ou des conflits, s'il y a lieu. Observe ce qui est accepté par plusieurs.

 **10** Reviens sur le déroulement du dialogue.

– Est-ce que tes idées ont changé ? Pourquoi ?

– Qu'as-tu appris sur le sujet ? sur la façon de dialoguer ?

– Est-ce que le dialogue t'a permis de mieux comprendre les idées des autres ?

# Des moyens pour élaborer un point de vue

Dans un dialogue, tu peux utiliser différents moyens pour élaborer ton opinion, ton point de vue. En voici quelques-uns. Le choix des mots est important.

**1** Faire une **description** de quelque chose, c'est en faire le meilleur portrait possible. Pour choisir les bons renseignements, on tente de répondre aux questions suivantes : Qui ? Quoi ? Où ? Quand ? Comment ? Pourquoi ? Combien ?

*Exemple :* Thomas décrit un organisme d'entraide.

« La Société de Saint-Vincent de Paul existe depuis plusieurs années. Son rôle est de venir en aide aux gens démunis. Les membres font la collecte de vêtements, de meubles, de jouets. Tous ces biens sont redistribués à des gens dans le besoin. Depuis sa fondation, l'organisme a apporté de l'aide à des milliers de personnes. »

**2** Faire une **comparaison**, c'est trouver les différences et les ressemblances entre des situations, des personnes ou des choses.

*Exemple :* Judith compare les règles de vie dans son école et celles qui sont en vigueur dans une autre école.

« À mon école, quand la cloche annonce la fin de la récréation, chacun entre à l'intérieur de l'école, sans attendre. On doit entrer calmement et parler à voix basse. À l'école de ma cousine, c'est un peu différent. Lorsque la cloche sonne, les élèves prennent leur rang en silence devant la porte. Ils doivent attendre le signal pour entrer. Eux aussi doivent entrer calmement, mais ils n'ont pas le droit de chuchoter. C'est le silence complet. »

**3** Faire une **synthèse**, c'est résumer les éléments importants d'une situation ou d'un fait.

*Exemple :* Marilou fait la synthèse du récit de la Création des chrétiens et des juifs.

« Le récit de la Création raconte qu'au premier jour, Dieu créa le jour et la nuit. Le deuxième jour, Dieu créa le ciel. Le troisième jour, Dieu créa la mer, les continents et la végétation. Le quatrième jour, Dieu créa le Soleil, la Lune et les étoiles. Le cinquième jour, Dieu créa les animaux marins et les oiseaux. Le sixième jour, Dieu créa les animaux terrestres, l'homme et la femme. Enfin, le septième jour, Dieu avait achevé son œuvre et il se reposa. »

**4** Donner une **explication**, c'est faire connaître ou faire comprendre le sens de quelque chose. Pour y arriver, on présente des exemples, on donne des détails et on définit les mots nouveaux ou difficiles.

*Exemple :* Le directeur de l'école explique une règle de sécurité de l'école.

« Désormais, il sera interdit de lancer des boules de neige dans la cour d'école, car il est dangereux de le faire. La glace dans les boules de neige peut blesser la personne qui les reçoit. Cette règle sera appliquée le matin, avant le début des classes, pendant les récréations du matin, du midi et de l'après-midi, et au service de garde, le soir. »

# Des moyens pour interroger un point de vue

Pour dialoguer de façon efficace, il est utile de savoir interroger un point de vue. Cela permet de distinguer certains types de jugements que tu pourras utiliser, et de reconnaître certains procédés qui peuvent nuire au dialogue.

## Différents types de jugements

Voici trois types de jugements. Certaines questions peuvent être posées pour les reconnaître et pour mieux comprendre les idées et les opinions des autres.

 Un **jugement de préférence**, c'est une phrase qui exprime un goût, une préférence.

 J'aime les festivités de l'Halloween.

Tu as sûrement une raison. Pourquoi aimes-tu cela ?

 Un **jugement de prescription**, c'est une phrase dans laquelle on donne une recommandation, un ordre ou on dicte une règle.

Il faut respecter l'environnement.

Pourquoi est-ce important ? Est-ce que tu crois que c'est possible de respecter cette règle ?

 Un **jugement de réalité**, c'est une phrase dans laquelle on raconte un événement ou on donne un renseignement. Ce jugement peut être faux !

 Les jeunes se préoccupent de leur santé.

D'où vient ce renseignement : d'une observation que tu as faite ? d'une personne qui te l'a dit ? d'une personne qui connaît bien le sujet ? Peux-tu vérifier cette information dans un livre ou auprès d'une personne ressource ?

# Des paroles qui peuvent nuire au dialogue

Certaines paroles peuvent nuire au dialogue. Évite de les utiliser. Exerce-toi aussi à les reconnaître lorsque d'autres personnes les prononcent.

 **1** **La généralisation abusive**

 J'ai acheté des souliers que je trouvais très beaux. Ils ne sont pas confortables ! Je n'achèterai plus jamais de beaux souliers, car les beaux souliers font mal aux pieds.

Fil, tu ne peux pas te faire une opinion avec une seule observation ! Cela n'est pas suffisant.

**2** **L'attaque personnelle**

 Marc-Olivier est souvent malade, donc il ne peut pas nous dire comment développer une bonne forme physique.

Fil, quand tu juges Marc-Olivier de cette façon, tu fais une attaque personnelle. Laisse-le plutôt s'exprimer, tu constateras peut-être qu'il sait comment développer une bonne forme physique.

**3** **L'appel au clan**

Mes amis n'ont pas aimé faire du ski alpin. Alors, je n'essaierai jamais d'en faire, car c'est un sport vraiment ennuyant.

Fil, c'est seulement l'opinion d'un petit groupe de personnes. Tu peux avoir une opinion différente de celle des gens que tu aimes. Tu peux avoir la même. Il se peut aussi que ton opinion soit identique à celle de gens que tu apprécies moins.

# Glossaire

| | |
|---|---|
| **Bannique :** | Galette, pain qui fait partie de l'alimentation de base des Amérindiens. |
| **Bénévole :** | Personne qui en aide une autre sans y être obligée et sans se faire payer. |
| **Chapelet :** | Collier à grains, chacun correspondant à une prière, qu'on fait glisser entre les doigts pendant la prière. |
| **Consensus :** | Décision commune, entente à laquelle on parvient dans un groupe. |
| **Culte :** | Assemblée où se réunissent les protestants, généralement le dimanche. |
| **Divine Liturgie :** | Célébration réunissant les orthodoxes, le dimanche. |
| **Empathie :** | Faculté de se mettre à la place d'autrui, de percevoir ce qu'il ressent. |
| **Hébreu :** | Qui est relatif aux Hébreux, les ancêtres du peuple juif. |
| **Holocauste :** | Élimination des Juifs par les nazis. |
| **Lieu de culte :** | Endroit où des croyants se réunissent pour rendre hommage à la divinité. |
| **Mantra :** | Mot ou groupe de mots mémorisés qu'on répète surtout pendant les pratiques de méditation. |
| **Martyriser :** | Torturer, faire souffrir. |
| **Messe :** | Célébration catholique qui représente le dernier repas de Jésus. |
| **Missel :** | Livre qui contient les chants, les prières, les lectures et les gestes nécessaires aux célébrations catholiques et orthodoxes. |
| **Muezzin :** | Chez les musulmans, personne qui a comme rôle d'appeler les fidèles à la prière. |
| **Nazi :** | Qui appartient à un parti politique raciste, apparu en Allemagne en 1919, qui avait pour but de supprimer le peuple juif. |
| **Pèlerin :** | Personne qui fait un voyage dans un lieu saint pour aller prier. |
| **Pictogramme :** | Petit dessin symbolique utilisé par les Autochtones en guise d'écriture. |
| **Position du lotus :** | Position de méditation avec le pied droit sur la cuisse gauche, le pied gauche sur la cuisse droite et le corps le plus droit possible. |
| **Prêche :** | Discours généralement fait devant une assemblée de croyants. |
| **Prédication :** | Réflexion à partir d'un ou plusieurs textes bibliques, prononcés par le pasteur ou un prédicateur laïc. |
| **Préserver :** | Protéger, conserver. |
| **Prôner :** | Recommander, vanter les bienfaits de quelque chose. |
| **Réciproquement :** | De manière réciproque, partagé de part et d'autre. |
| **Saint patron :** | Saint ou sainte à qui une église est dédiée. |
| **Shoah :** | Extermination des Juifs d'Europe par l'Allemagne nazie durant la Seconde Guerre mondiale. |
| **Tefillin :** | Chacune des deux boîtes contenant des extraits de la Torah, que certains juifs pratiquants portent sur la tête et sur un bras lors des prières. |